♥*Ms. Selena* 著

打造富腦袋！
從零累積被動收入

月收翻倍
的
財富攻略

contents

目　錄

第一章
投資理財是一種生活態度

第二章
不必縮衣節食的開心安全理財法

第三章
沒時間投資，就這樣辦

第四章
被動收入讓你財富自由

Hedonism to discipline

從享樂主義的月光族變成積極理財的契機

　　我很幸運，從小在一個經濟無虞的家庭中長大，爸媽從小也很用心栽培我跟兩個弟弟，讓我能培養自己的外語能力，也有機會出國看看這個世界，體驗不同的文化。

　　台北醫學大學畢業後，我就去美國加州念了碩士，LA 的生活很豐富，我交了很多朋友，也很享受加州的太陽還有四季如春的天氣，因此在畢業後，也就一心一意想在美國繼續生活與工作……

　　畢業後，我順利找到工作，當時的公司也願意幫我辦工作簽證，但由於申請的人實在太多，導致每個人都必須抽籤。這個籤中獎的機率其實有 70 ～ 80% 以上，但我就是那個非常不幸，並沒有抽到工作簽證的人。

　　為了要繼續待在美國，我研究了各種簽證，最後發

現在美國開公司就可以擁有簽證，而且這個創業簽證相對容易取得，於是有了創業的想法……

我當時想創的是服飾業，不過開公司需要資金，所以我試著說服爸媽當我的投資人。當時還特別為了說服他們，認真做了簡報飛回台灣，但是他們聽完了我的商業計畫後，覺得這個市場已經很飽和，也看不出我有什麼市場差異性，於是計畫也就此打住了。

後來想想，創業要成功，重點是你要找到尚未被滿足的市場，而當時的我，只是為了其他原因而奮不顧身想跳進這個紅海市場。回頭看看這段過程，我反而很感謝當時爸媽的理性（當時的情緒跟現在完全相反），才有現在的我，甚至是這本書的誕生。

雖然這件事當時沒有如我所願，卻給了我一個非常重要的人生轉捩點。

我的人生一直以來都是享樂型的，因為我的家庭並沒有給我經濟壓力，而我也沒有特別需要存錢去完成的目標，所以我每個月的花費都不會特別記帳，看到喜歡的衣服就買，看到喜歡的餐廳就吃，放假就想要出去玩、旅遊，根本就沒有存款。

不過也是因為這件事情，教會了我「**沒錢就是沒有**

選擇權」。回到台灣後，我開始瘋狂看書，積極上投資理財相關的課程。

很多人也許都跟當時的我一樣，覺得現在的生活很不錯，錢也已經夠用了，為什麼還要那麼辛苦去追求財富自由呢？

這裡想跟大家分享一個漁夫跟商人的小故事。

有一個有錢的商人來到島上度假，雇用了一個島上的漁夫當導遊。幾天的相處下來，商人問漁夫：「你為什麼不買一艘新的漁船呢？這樣就可以捕更多魚，賺更多的錢啊？」

漁夫說：「然後呢？」

商人接著說：「你賺的錢存下來就可以買第二艘、第三艘漁船，並且擁有自己的船隊。」

漁夫說：「那然後呢？」

商人又說：「你就有資本建設自己的魚罐頭工廠，行銷全世界。」

漁夫又問：「然後呢？」

商人說：「那你就可以跟我一樣，每年有一個月的悠

閒時間，在小島上度假，享受自己的人生。」

　　漁夫回答：「可是我現在，已經天天在這個小島上享受人生了呀。」

　　最後，商人留下一句話：「也許，你覺得自己可以一直在這座小島上度假，但這樣的生活，只是我一年的一小部分而已。」

　　看完這個故事之後，不知道你有什麼樣的感覺？

　　如果沒有最後一段話，可能會讓大家認為金錢真的沒有很重要，不用這樣汲汲營營地去追求，因為有時候，你想要的生活方式不一定需要很多錢才能達成。

　　但這個故事有一個更深層的意義。

　　也許很多人都會像這個漁夫，覺得現在的收入就可以讓生活過得很不錯了，或是覺得現在的生活模式已經是他想要的，所以不必再想方設法地去追求財富自由；也有人認為在這個賺錢的過程中，他反而失去了跟家人珍貴的相處時光。

　　如果你有以上想法，這也沒有什麼對錯。但在這裡，我想跟你探討商人留下的最後一句話，他說這樣的生

活，只是他一年中的一小部分而已。意思就是漁夫的生活看似非常理想，已經達到他所想要的生活方式，但是他的生活其實是沒有任何選擇權的。

漁夫一旦離開了島嶼，就會沒有收入了，也沒辦法帶著他的家人去世界不同的角落，看看不同的事物；他也沒辦法買房、買車；如果他的小孩想要有更好的教育，或是提升自己的能力、視野，他也無法提供。

再來，如果大環境影響，島嶼的觀光客減少了，那他的收入一樣會變少。所以這個漁夫，看似好像已經過著他想要的生活，但他其實是沒有任何承擔風險的能力，也沒有任何選擇權的。

不論是在我的 YouTube 頻道、我的社群媒體，甚至是這本書，我都想跟大家強調：追求財富自由並不是要變得多有錢，而是擁有財富自由，你才能拿回自己人生的選擇權。

即使你現在的生活過得不錯，也並不代表你有選擇權。**財富自由的目的，是要改變你工作的意義**，當工作變成你的使命或是興趣，而不再只是為了要生活下去的賺錢工具，你才能真正享受其中，這也才是財富自由的迷人之處。

我拍過一個影片主題，叫做「給年輕的自己的三個建議」，其中一項就是提早理財。

　　我想大家都聽過「複利」這個概念，這也是投資理財的領域中，最重要的觀念之一。

　　很多人都說年輕時沒有錢，要怎麼去投資理財呢？其實年輕時也有收入啊，例如：爸媽給你的零用錢；如果有打工，也會有打工的收入。

　　我曾經想，如果我從年輕時就開始投資理財，我累積的財富應該已經是現在的好幾十倍、甚至百倍了。

　　今天不論你從事什麼樣的工作，擁有什麼樣的興趣，投資理財就像一個堅實的後盾，如果你今天為自己做好投資理財的規畫，不論想要追尋什麼樣的夢想、熱情、興趣，其實都是更有力的。

　　有很多人的夢想可能不是賺多少錢，而是想要做公益，或是從事一些藝術相關的工作（當然不是指藝術相關的工作不賺錢，但可能在前端努力的過程是非常長的）。但是人都是需要生活的，如果你做好投資理財，用投資或其他被動收入賺錢去支持你自己的熱情，那這樣不是更好嗎？

　　講了那麼多，我希望正在看這本書的你，可以透過

本書意識到投資理財的重要，也開始規畫自己的財務目標，找回自己人生的選擇權！

自從我開始經營 YouTube 頻道後，我收到很多粉絲跟網友的回饋，很多人說很喜歡我的影片，是因為我能用很簡單、很生活化的方式跟大家講解投資理財的重要觀念，讓大家覺得投資理財不再是那麼遙遠的事。

投資理財這個主題，很容易讓人誤以為艱深困難，而這也成為大家開始行動的一大阻礙。不論是在頻道，或是你手中的這本書，我都希望可以幫助新手們無負擔地學習理財，並且享受這個過程。

我把自己定位成你身邊的朋友，而不是財經專家或老師，所以這本書不會有艱深的專有名詞，更不會有看似專業的線性圖表，希望可以打破你對投資理財的刻板印象，並開心地開始自己的投資理財之路。

本書的第一章希望可以跟大家分享我的生活理財概念。

我曾經跟很多人一樣，覺得投資理財就是要有很強數字邏輯能力才能成功，但其實我小時候最害怕的就是數學，考得最差的也是數學。在真正接觸投資理財後我才發現，只要你懂加減乘除的基本數學運算，你就已經具備投

資理財中所需要具備的數學能力了。

除此之外，**投資理財並不只是硬邦邦的致富工具，而是一種生活態度。**

很多人以為要有錢才可以開始理財，可是我必須說，就是因為你沒有理財才會沒錢，而**理財的意義是讓你花錢花得有計畫，存錢存得很甘願。**

當你每分錢都花得很有紀律時，不但可以累積財富，同時一樣可以擁有高質感的生活！在第一章我會著重在理財思維的部分，讓大家除了可以擁有正確的理財觀念，還能讓這些正確的觀念融入你的日常生活。

很多人的另一個迷思，就是覺得理財意味必須過著縮衣節食的生活，我會在第二章中幫大家打破迷思。

大部分的人都希望可以無痛且快速地成功，雖然我無法保證你在短時間內能成功，但**只要方向正確，我相信絕對可以事半功倍。**

另外，如果**你正在做的事不會讓你感到痛苦，那麼你可以堅持並且成功的機率就會大大提升，**所以在接下來的章節也會以此主軸跟大家分享各種無痛理財法。

我常常遇到粉絲或網友說，他們的生活已經非常忙碌了，到底有什麼方法可以幫助他們有效投資呢？然而，

世界上最公平的一件事，就是每個人的一天都只有 24 小時，所以如何在有限的時間創造最大的效益？這點會在本書的第三章中，以時間為主軸去分享各種簡單容易執行的投資方法。當然，我的時間管理祕訣也會在這裡一併與你分享。

本書的最後一章，我會跟大家分享被動收入還有財富自由的方法。**其實財富自由的公式很簡單，就是不斷累積可以創造現金流的資產**，當你的被動收入大於生活支出時，你就財富自由了。

被動收入說起來簡單，但很多人還是不知道該如何開始建構自己的被動收入系統。在這章節，我會跟大家分享各種被動收入方法，還有要達到財富自由你必須具備的核心觀念。

本書將以觀念建立→理財→投資→被動收入這樣循序漸進的方式，就像蓋房子一樣，幫助你從地基扎根，建構完整、正確的投資理財觀念與知識，打造你的富腦袋，從零開始邁向財富自由！

 如何找到自己？給年輕的自己的三個建議

第一章

投資理財是一種生活態度

invest !

Financial management

1—1
三個方法讓你下定決心開始理財

找到目標！

　　我相信你已經意識到投資理財的重要了，但是大家也明白「知道」跟「做到」的距離，其實還是很遠。

　　我們到底該如何讓自己動起來，下定決心地去執行投資理財這件事情呢？我在第一節就要跟你分享三個方向，幫助你下定決心開始理財！

1. 你是為誰而戰？為何而戰？ 💬

你想要財富自由，你想要開始投資理財，是為什麼呢？

有可能是為了想提供家人更好的生活，也可能是為了想完成自己的某些夢想。每一個人的原因都不一樣，**你一定要靜下心來問問自己，到底你是為了什麼而理財？**

以我自己為例，我就是為了兩個字——「自由」。

我希望我可以得到全方位的自由，無論是思想上的、時間上的，還是人生的自由。最重要的，是我想自由地成為我想要的自己。而以上這些自由，都必須要有財富自由來支撐，這就是我的動力來源。

現在換你問問自己：你為什麼想要財富自由？你為什麼覺得投資理財很重要？

2. 你的生活夠痛苦嗎？ 💬

你面臨的財務挑戰夠大嗎？你的痛苦值達到臨界點了嗎？

有研究指出，**讓人下定決心開始改變的動力並不是追求美好，反而是逃離痛苦。**

如果你今天沒有動力改變，變得想要開始投資理財，表示你的生活還不夠痛苦。這時候，你就必須找出一個讓自己很痛苦的點。

以我自己為例，我很不喜歡「沒辦法做選擇」。對於那些因為自己沒有經濟能力而被勉強做的選擇。比如搭飛機因為有經濟壓力，所以必須搭經濟艙；或有些人喜歡的工作薪資不高，所以要勉強自己去做一些給薪更好、但自己不那麼喜歡的工作。這樣的狀態讓我非常痛苦，所以我有非常大的動力去投資理財、建構自己的被動收入。

仔細去看很多成功的故事，很多都會描述他們以前有多痛苦，導致現在有多成功，這是經過心理實證的。

當你今天很痛苦時，為了不再過那樣的生活，你會逼自己一定要做出改變。

很多人現在為什麼沒辦法下定決心呢？就是因為你還不夠痛苦。雖然你每天抱怨你的生活沒有特別好，但是你的生活其實也不差，沒有痛苦到讓你想要改變。

有時候只是我們習慣了這樣的痛苦，只要你把它挖出來面對，你就可以讓自己下定決心去改變。

　　　　　　　　第一章　投資理財是一種生活態度

3. 讓自己天天被打擊 🖤

問問自己是否有重大的衝擊，或是被刺激的頻率高嗎？

你應該聽過一些故事，某些人在人生中遇到一個重大的衝擊，讓他突然間完全變了一個人。

當你沒有重大衝擊時，你該怎麼去刺激自己呢？這就要提到我剛剛問你的第二個問題，你在生活中被刺激的頻率高不高呢？

大家都知道一個道理，就是「物以類聚，人以群分」。當你看到身邊的人財富自由，每天過得很開心，可以自由安排自己時間的時候，你多多少少都會被影響。

「我也很想要那樣的生活」「我也想要開那樣的車」「我也想要住那樣的房子」。

當你一直被刺激時，就會更有動力地去完成自己的夢想，或是去完成他們都能辦到的事情（也可以說是一種，「別人可以辦到的，我也可以」的競爭心態）。

很多人所處的生活圈太過安逸，沒辦法刺激到自己。這時我只能建議你上上網，去看一些你羨慕的人或是偶像，看他們現在過著什麼樣的生活。

或是像當時的我，去報名很多財商課程，逼迫自己換一個交友圈。我因此認識了很多投資理財的前輩，常常也會告訴我，他們又投資了一間房子！或是有人美股賺了多少％等，都是刺激自己很好的方式。

Set goals

1－2
變有錢的三個重要心態

稍微忍耐！

　　有很多網路上的朋友認識我，是因為 Ms.Selena 這個 YouTube 頻道。

　　我當時希望這個頻道以生活理財為核心。比起分享很多投資工具，我在上面分享的，大多是一些觀念，工具面或是一些專有名詞比較少出現。

　　一方面我覺得理財這件事情就是要融入生活，才會比較有趣，也更容易長久；另一方面，我覺得只要你觀念正確，那些工具只是錦上添花。

　　但如果你的觀念不正確，不論再怎樣強大的工具，都沒辦法真的持久，即使真的賺了錢也留不住。

1. 延遲享樂 💬

要怎麼做到延遲享樂呢？

如果你今天想要買一個很貴重的東西，你就要先忍著，**先把存的錢投在一個會幫自己賺錢的地方，等錢又幫忙賺錢之後，再拿來買想要的東西。**

不論是出國玩、買東西，或是你想要做一些比較高額的花費時，你都要提醒自己延遲享樂。

2. 設定目標 💬

我知道這個概念已經是老生常談，很多人也都知道設定目標的重要，但設定目標的關鍵點，在於你有沒有真的去執行。

我自己大概從三年前才開始做這件事，我在每年的 1 月會做一塊夢想板，幫自己設定目標。

訂定目標為什麼很重要？你在這一年**如果有非常清楚的目標，你做的任何事情、決定，都會朝著這個目標前進**；但如果沒有訂定目標，你會做做這個、做做那個，看

到好像不錯的機會都想要抓住，這時候你做的很多決定方向就不會一致，反而會讓你離目標越來越遠。

　　人生中會遇到很多機會，它們可能有著華麗的包裝，讓你以為這是一個很棒的機會。但是，在這種時候你更要去思考，**接受這樣的機會是否會帶你朝著自己的目標更前進呢？**如果答案是否定的，不論別人再怎麼看好這個機會，你都應該勇敢拒絕。

　　舉例來說：我的目標就是不需要再為任何人、任何企業工作，時間都可以自由掌握與分配，但如果今天突然來了一個世界知名的企業挖角，我應該接受嗎？

　　很多人聽到這裡，可能會覺得：「哇！這麼難得的機會！一定要好好把握啊！」但當我冷靜下來思考，這個工作機會其實把我拉離訂下的目標。

　　這就是為什麼你內心時時刻刻都必須要有目標，這將會是你做任何重要決定前，很好的思考核心點。

　　有一本《思考致富聖經》，作者花了二十年的時間去研究成功的人，包含愛迪生、亨利福特（福特汽車的發明者），還有卡內基等人，發現他們都有一個共通的習慣，那就是訂定目標，我不用再強調一次訂定目標有多重要了吧？

3. 先存錢買資產，
　再用資產收益買東西 💬

這個概念可以呼應第 1 點：延遲享樂。

所謂的資產有哪些呢？包含房地產、股票，或是投資企業也可以，也就是幫你賺錢的工具，我們生活在一個網路發達的世代，但很多人忽略了在網路上創作的影片、文章、課程，富含知識性的書籍、創作性的音樂等，也都是一種資產。

之前有個學員問我：「我知道 Selena 有旅遊生活的規畫，想知道 Selena 在旅遊生活時，怎麼去打理金錢跟充實自己的？很多人的夢想都是環遊世界，可是想到大筆的旅費花費，就又打消了念頭。」

我回答：「自從接觸投資理財之後，我有一段時間很少出國旅遊。**我後來的準則就是先存錢、去投資，投資產生被動收入後，最後才是享樂。**所以旅遊，通常就是作為投資後，或是創造了一筆新的被動收入的項目後，給自己的一點獎勵。基於是要犒賞自己，所以我的旅遊行程就會很隨興，花錢住好、吃好，享受生活。環遊世界也是我的夢想，所以現在也很努力地延遲享樂。」

如何讓夢想成真？如
何達成目標？未來郵
件是什麼？

　　　　　　　　　　　　　第一章　投資理財是一種生活態度

1－3
突破理財新手三大盲點

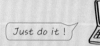

1. 別當思想的巨人，行動的侏儒

很多人都會問我，我當時是怎麼開始學習投資理財的？其實我就是上網找資料，買書回家閱讀。

我相信很多人跟我一樣，都是從上粉絲團或部落格，加入很多社團，追蹤很多領域內的專家開始。這個方法會讓你讓自己被動式地暴露在投資理財相關資訊裡，是非常好的開始。

但是這裡有一個盲點，就是你每天一直看，可是一

個月過去了、兩個月過去了、三個月過去了……你會發現，自己的收入還是沒有增加，存款還是沒有變多。

主要的原因，**就是你沒有把想法變成行動**。也就是說，你看到的資訊或是別人提供的方法，並沒有融入到你日常生活裡。

當你看到一些新的想法、方法時，你要想著怎麼把它執行到自己的生活裡，看完之後立刻寫下「行動清單」，這些資訊才會對你有真正的幫助。

「學習是為了行動」「不要當思想的巨人，行動的侏儒」是我很喜歡的兩句話。如果你想要逼迫自己行動，我建議找一個擁有共同目標的人一起，會大大提升你的行動力。

2. 投資並沒有比理財重要 ♡

第二個新手常常會有的迷思，就是大家常掛在嘴邊的「投資理財」，也就很自然地把重點放在「投資」大過於「理財」。

可是其實投資理財就像蓋大樓一樣，**「理財」就是大**

樓的地基，「投資」是這個高樓的本體。如果你蓋了一棟很高的大樓，卻沒有很穩固的地基在支撐，這個樓就很容易垮。

我之前聽過一個非常有趣的公式，叫作「個人幸福滿足感公式」。

這個公式是這樣的：「個人幸福滿足感」等於「既存存貨」除以「消費欲望」。以數學的觀念來說，你要使產值提到最大，你的分母就要越小越好，分子就要越大越好。

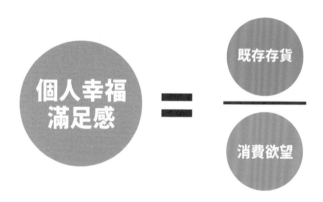

理財的階段就是如此 —— 降低個人欲望，累積個人既存存貨，如果你能做到，其實就算不懂投資，也能讓生

活過得不錯。

投資只是幫助你「既存存貨」的部分快速增長的工具，理財才是你財務狀態的根基！

3. 就是因為你沒理財才沒錢

第三個新手迷思，就是大家常常會覺得投資理財需要一筆很大的本金，所以有非常多理財新手會說：「可是我就是沒有錢啊！我要怎麼理財啊？」

事實上，投資是需要本金沒錯，可是就是因為你沒有理好你的財，所以你才無法分配一些錢去投資。

我能了解以新手來說，你開始分配投資帳戶時金額可能很小，可是這段時間，其實也是你累積本金的最好時刻。在這段時間內，你要同步去累積自己知識上的資本。

你做任何的投資，如果不與時俱進地學習，都很有可能賠錢，所以對於任何一項投資，你都需要花很長的時間去學習。

不要擔心你沒有本金，因為你在累積本金的同時，也在累積你的知識。等到你的知識累積到一個程度，看到

好的標的時，你也有本金可以投入了。

　　我在踏入投資理財領域前面的 1 ～ 2 年是一直處於觀望的狀態，沒有做任何投資，而我大部分的資金，都是存下來或是拿來投資自己學習，等到我學習到我自己有自信的程度的時候，我才開始投資的。

　　　　　　　　　　　　　　第一章　投資理財是一種生活態度

1—4

想放棄時，該如何堅持下去？

非常多人意識到投資理財的重要性後，也確實開始執行了，可是看不到明顯結果的時候，他們不知道要怎麼堅持下去。在這個章節，我就跟大家從三個面向去探討無法堅持下去的原因，以及解決的方法。

1. 找出自己無法持續的原因

非常多人無法持續的原因，**就是因為開始懶惰了。**其實我也是非常懶惰的人，所以才一直努力去發掘一些懶人投資法、理財法。

我後來採用的方式，就是盡量地把它們自動化、系統化，減少花心思去想的功夫，自然也就能長久執行。

舉例來說，**我用自動扣款的方式每月儲蓄，**這樣就永遠不用去擔心這個月沒有存到錢怎麼辦；信用卡繳費也是設定全額自動扣款，就不用擔心有循環利息的產生，或是忘了繳卡費而產生的滯納金。投資的懶人策略，就是定期定額了，在不需要多加關注的狀況下，自動扣款投資。

2. 忘了自己的動力來源？

有非常多人開始投資理財，都是希望有一天能夠財富自由，但真正去做、真正去努力賺錢的人，並沒有跟想要的人一樣多。

這其中的原因，就在於動力不夠強烈。渴望財富自由的背後原因人各有異，如果你這時還不清楚自己想要財富自由的真正原因，請回到本書的 P.19，找出自己內心深處的真正渴望。

3.低估了複利的威力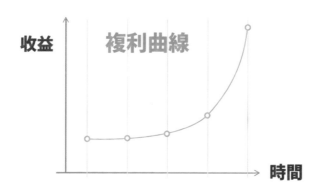

愛因斯坦說過：「複利的力量是大於原子彈的。」所以首先，我要跟大家講解複利的曲線圖。你可以看到線條前端平緩，所以有很多人在這段時間就放棄了，等不到複利發揮作用的那一刻。

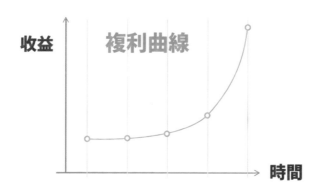

我們活在一個速成的世界中，很多人都會簡化別人成功背後所付出的努力，這也是為什麼看到某些人做某件事成功後，覺得做那件事情好像很容易成功，大家就跟風去做了，殊不知要付出的代價、付出的心力非常非常的多，突然又覺得好像沒有那麼簡單，好像沒有那麼快就成

功，這時就放棄了，又去找一個新東西重新開始，如此周而復始，形成一個惡性循環。

　　要感覺到複利，其實就是**撐得越久，堅持得越久，之後就會越輕鬆。**

　　我之前看過一個藝人的報導，讓我印象深刻。記者問他：「你是怎麼成功的？你覺得成功的關鍵是什麼？」他說，其實要成功，努力是必須的，但更重要的是堅持。若你很努力，但是沒有等到屬於你的那一天，那你前面的努力都是白費的，所以最重要的就是要堅持。

公式 1&2 ▶ ●

相差
0.02

$$1.01^{365} = 37.8$$

$$0.99^{365} = 0.03$$

上頁圖中的公式 1 跟 2 其實只差了 0.02，可是最終產出的結果卻相差非常大。

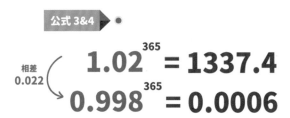

公式 3 跟 4 想要告訴我們的是，<u>只比你多努力一點點的人，其實已經離你很遙遠了。</u>

這些公式還有一個有趣的地方。<u>你有發現為什麼是平方而不是乘法嗎？因為你的努力、你的知識、你的實力都將會以複利的方式累加！</u>

雖然一開始會覺得很慢，但就像複利的曲線一樣，當你突破一個點時，它就會快速地往上竄升。

1—5

為了財務自由，你願意犧牲什麼？

　　在我的 YouTube 的影片開頭，我都會放一句我很喜歡、或是我覺得很激勵人心的話。

　　其中有一句話，是「成功的路上並不擁擠」，因為它會一層一層地篩選掉人。

　　假設財富自由是這裡定義的成功，那在這一路上的第一關，就是當你意識到投資理財的重要後，你是否願意開始學習？

　　在這個時候，其實就已經篩掉百分之五十的人了；在這百分之五十裡的人，學了以後又願意實際去做的人，可能就剩下百分之二十五；而在這百分之二十五的人裡，執行後會遇到一些困難，又願意繼續堅持下去的，就只剩百

分之十，這就是為什麼成功的路上並不擁擠。

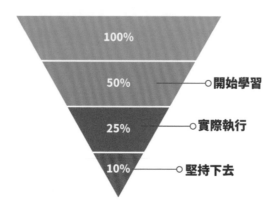

　　投資理財的路很長，現在回頭看以前的我，不論是
在觀念、價值觀和消費習慣上，我都有了很多改變。

　　我以前是那種只要一放長假，就想要安排出國旅遊
的人，但是後來在積極投資理財的過程中，為了要存多一
點錢，就想說安排台灣的一些小景點、小旅遊也不錯。

　　我以前也會刻意存錢買名牌包，也很喜歡買衣服、
買鞋子。現在也不是不買了，只是會懂得理性消費、不一
味跟風。這也是為什麼我在 YouTube 頻道上開啟了「如
何聰明消費？」及「生活中的各種斷、捨、離」單元。消
費習慣跟價值觀的建立，也是你在理財的路上需要培養的

重要能力。

　　我也曾覺得體驗人生無價，所以會願意花很多錢在參加活動、聽演唱會或是參加一些嘉年華會，但是現在，我會多思考一些。我真的很想去嗎？花這個錢是值得的嗎？然後撥了一些預算買書上課，將錢改為投資自己的大腦。

　　投資理財這條路就跟減肥一樣，不是叫你賺錢都不能亂花，只是要有紀律。

　　理財就跟減肥一樣，如果你一直不能吃好吃的東西，人生真的會很無趣，最後也就失去了動力。投資理財的路也是這樣，當你有計畫性地花錢，累積財富的同時，一樣可以擁有高品質的生活。

如何聰明消費？

生活中的各種斷、捨、離

1—6

女人，不論你嫁給誰都應該經濟獨立

　　我媽媽對我的影響非常深，我崇拜她，覺得她真的是一個非常好的榜樣，值得我學習。

　　不論是她的人生觀、事業觀、愛情觀，甚至是人際關係的智慧，我覺得都非常值得我學習。在這一章裡，我想要談談她關於兩性理財，以及身為女性該要有的理財智慧。

　　我媽媽常說，男女的價值觀有非常大的不同。女生喜歡買衣服、包包，打扮自己，男生通常都比較喜歡捨得花錢在 3C 產品或是車子等。

　　以前家裡的經濟狀況都是由我媽在掌管，所以爸爸常常不知道現在的物價飛漲，覺得為什麼都亂花錢，兩人

常常產生一些不必要的紛爭，所以媽媽後來採取的方式，就是兩個人分別管理自己的財務。

價值觀的差異很難說是誰對誰錯，可是身為女性，如果有想要在經濟上依賴他人的念頭，是一件很危險的事。

不經濟獨立的狀態下，就等於什麼事情，你要買什麼都要跟對方開口。若對方覺得沒有必要花這個錢時，你就會被綁手綁腳了。

在經濟上需要仰賴他人，你會變得很不自由，失去了自主的權利，也會漸漸變得不快樂。

從小到大我媽都一直教育我，女性一定要經濟獨立，這樣你才能過你想要的生活；她也常常跟我說，女性要懂得投資在自己身上，包含你要捨得花錢打扮自己，要捨得花錢出國看看這個世界，也要捨得讓自己去學習新知。

這裡想跟大家強調的是，**千萬不要因為覺得投資理財重要，所以一味地省錢，**讓自己吃得不健康、沒有把自己的體態維持好，捨不得花錢保養、打扮自己，這些都是本末倒置。如果你不投資在自己身上的話，存再多錢也是沒有意義的。

女性投資理財的意義，就是要讓自己過得更有自信，過得更漂亮，然後讓自己對生活跟生命更有自主權與選擇權。

所以千萬不要因為要投資理財或是省錢，就讓自己邋里邋遢，沒有自信，過著沒有品質的生活方式。

演員范冰冰說過一句很有名的話：「我不嫁豪門，因為我就是豪門。」我覺得這句話非常霸氣，也非常地值得每位女性去遵循。

把自己維持在漂亮、有自信的狀態，自己也有經濟能力，把自己照顧得很好，你絕對會把自己的人生活得很美麗。

　　　　　　　　　　　第一章　投資理財是一種生活態度

1-7

就是忍不住愛花錢怎麼辦？

　　我曾經收過網友私訊：「Selena 怎麼辦？我知道投資理財很重要，可是我還是每天都很想要買東西，很想要買一些新衣服讓自己穿得漂漂亮亮的，明明知道自己的衣服已經非常多了，但還是很想買，到底該怎麼辦呢？」

　　其實女生喜歡打扮自己我覺得並沒有什麼不好，這是投資自己的一種（S 媽也鼓勵這件事），**只是你的消費必須是理性的，而不是盲目地消費，變成一種浪費。**

1. 訂預算 💬

我在第二章會更仔細分享帳戶理財法，這裡先簡單說明。

每個人都必須要有多個帳戶，每個帳戶都有不同的功能，而你可以將其中一個帳戶的功能訂定為治裝，每個月分配固定預算給這個帳戶。

這樣一來你每個月就不會超出自己所能負擔的範圍消費，同時也不會影響到其他功能帳戶的預算，也可以很有效率地存錢。

2. 專注在賺錢就會沒時間花錢 💬

我也曾經非常喜歡逛網拍消費，可是我後來發現，當你專注在不同地方時，你就會忘了買東西或是逛街這件事情。

比如我現在就會很想要知道怎麼賺更多錢，所以我就會去看其他對我更有意義的影片，或是教人怎麼賺錢的書等。

當你花了非常多的時間在研究怎麼賺錢時，除了一些日常生活中所需要的開銷之外，其實你根本沒有太多時間可以去逛街，也就會忘記花錢這件事了。我現在雖然還偶爾逛逛網拍，可是已經比以前少很多了。

3. 別讓社群銷售你 💬

這時候有些人也許會想問：「可是 Selena，現在網路上都會推播一些消費的東西給你看啊，你不主動去看還是會看到。」所以接下來就要推薦大家第三個絕招，就是強迫自己不要看。

很多人有購物的欲望，其實是因為看到別人擁有了，所以激起了你心中的那個欲望。我用過非常有效的方法，就是現在拿出你的手機，打開你的社群媒體，**把一些網紅、網美，品牌的粉絲團和 IG 帳號，全部都「取消追蹤」。**

這個方法真的非常有效，有時候你看一些網紅、網美每天吃吃喝喝、穿漂亮的衣服、拿名牌包，只要是人，多多少少都會覺得很羨慕，這時候可能就會激起你購物的

欲望。

現在很多網紅跟網美都會接一些商業合作，或是他們本身就在經營電商品牌。我承認這些真的都很好看，我也很喜歡看。可是為了要避免自己花了一些不該花的錢，這些資訊，我都會建議你先取消追蹤，你很快就會發現生活少了很多欲望。

另外，品牌的粉絲團大部分時間就是要推銷他們的商品，時不時的促銷活動也會讓你覺得心癢癢，不買很痛苦。這時候就是不要追蹤、不要看就對了。只要你不接觸到它們，就不會激起自己內心的欲望。

即使你不追蹤這些人，不去看這些資訊，但因為現在Facebook都會推播廣告給你，所以有時候我逛了一兩家之後，Facebook就會偵測我可能是對網拍電商有興趣的精準客戶，然後就會推薦我更多賣衣服的商家，品牌的粉絲團到我的社群主頁。

這時候每看到一個，你就要按「隱藏」。廣告的右上角都會有一個按鈕說你「不想再看到這個廣告」，你就可以按「隱藏」。當你多做幾次之後，Facebook就會偵測你可能不喜歡看到這類的廣告，它就不會再推播這些買衣服的廣告給你看了。

4. 放進購物車後不要立刻結帳

最後一個方法，就是當你買任何東西時，**把它放進購物車中，但要隔一天再去結帳。**

很多時候大家都是衝動性消費，可能當下覺得實在太喜歡了，我一定要買，可是隔天就不一定那麼喜歡了。

我有時候買東西，等收到的時候，我對它的熱情已經消失了。所以買東西的開心，只是一個當下的感覺而已。如果你想要防止自己亂買東西，就規定自己一定要把東西放在購物車裡超過一天。一天之後，如果你還是真的很喜歡再去買，這樣可以大大降低你衝動消費的機率。

1-8

打造專屬你的財富自由計畫

　　到此，我希望有成功傳遞了生活理財的態度給你。在第一章的最後，我希望可以提供更具體的步驟與方法，帶著你往投資理財前進一步，這樣在第二章後講理財的方法，你就會更有感！

我自己是一個非常目標導向的人，必須有目標才不會有失去方向的感覺。當設定完目標之後，要常常去檢視目標，時時去關注現在做的事情有沒有朝著目標前進。

很多時候你可能覺得自己的目標很清楚，可是，你正在做的事實際上並沒有在幫助你朝著目標前進，甚至有時會讓你離目標越來越遠。

我自己設計了一份「財富自由計畫書」，這份計畫書可以幫助我每天去檢視我的目標，還有我的執行方案到底有沒有一直朝著目標前進。這份「財富自由計畫書」也會提供給你免費下載。你也可以把它印下來，當成自己每個月檢視的行動清單。若你一開始沒有想法，那也沒關係，我相信你在看完這本書、好好思考後，一定能將你的想法填滿清單！

 檔案為互動式 PDF 檔，用電腦可以直接在格子裡編輯！

Ms.Selena
School

msselena.teachable.com

打造專屬你的
財富自由計畫

Make your own plan for financial freedom

GET STARTED

≫ 財富自由計畫表
≫ 財富自由目標排程表
≫ 財富自由習慣養成清單

PART1 財富自由計畫表

這份「財富自由計畫書」主要分成三部分。

第一部分是「財富自由計畫表」，第二「財務目標排程表」，第三是「財富自由習慣養成清單」。

在第一部分，我希望大家可以訂定出自己的目標。我在前面已經反覆強調，很多目標都是要去挖掘你內心深處最想要的東西（忘記了可以翻回 P.19）。

✦ 第一格、列下你想要財富自由的原因？

以我自己為例，我就是想要擁有一個很自由的人生，想要很自由地為自己做任何的選擇，有時間可以安排自己任何想要做的事情，陪自己在乎的人。我也很希望可以自由地成為自己想要的自己，所以財富自由對我而言，就是「自由」兩個字。

其實每個人追求的目標都不太一樣，有些人希望可以給家人過更好的生活，有些人希望去環遊世界，完成自己的某些夢想。

✦ 第二格、敘述你的理想生活是怎麼樣的？

我的理想生活，就是早上起床可以很悠哉地跟老公、小孩吃早餐、送小孩上學，再順便遛狗後回家。下午再去健身房運動後，開始我們熱愛的工作，除了工作外還可以一起看看投資的物件。到了晚上接小孩放學，享受家庭的時光，還希望每一季都可以帶著家人出國，去看看這個世界。

你必須去對照自己的理想生活，跟財富自由原因是否有相應。

✦ 第三格、你的財務目標是什麼？

這個部分的重點，**是量化你的目標。**比如說我希望每個月包含主被動收入，可以月入百萬。有些人也許是月入十萬、二十萬，或是你希望你可以投資在股票總額一千萬，擁有二十間不動產等。這裡不限制任何的目標，只要是可以量化的，都是具體的目標。

✦ 第四格、希望多久內可以達成以上目標？

我自己是設定在五年以內，但每個人目標不同，所需時間也不同，請視自己的情況填寫。

財富自由
計畫表

1. 列下你想要財富自由的原因？

2.敘述一下你的理想生活是怎麼樣的？

3. 你的財務目標是什麼？

4.希望多久內可以達成以上目標？

<u>PART2</u> 財務目標排程表 ♥

第二部分是「財務目標排程表」。

這個部分非常非常重要，也就是所謂的執行方案，又稱 To do list。第一部分則是最終想要達成的終極目標（比較遠的目標），而在而第二部分是把大目標拆解成多個小目標，抓出近期的行動方案。

✦ Step1 列出你的年度目標

這裡主要以事業及財務目標為主。不過如果你有其他重要的目標，當然也可以一併列在這裡。

比如我今年希望我的頻道可以破十萬，可以操作二房東三間，看十二本投資理財系列的書，推出一個線上課程，以及操作老屋改建一間。現在換你寫下在年底之前，你想要達成哪些目標呢？

✦ Step2 以週為單位列出行動清單

生活中常常會有一些事情耽誤本來安排好的計畫，所以這裡是**以週為單位去制定行動清單**。

這樣效果會比較好，也可以讓排程比較有彈性地去調整及運用。這張排程表裡有 week1 到 week5（每個月最多就是五週），每個框框都可以讓你填寫自己要的月份跟待辦事項，每到一個新的月份就更新一張。例如 5 月底時，你就可以幫你自己制訂 6 月的行動清單。

以我自己為例，我的 week1 到 week5 都有不同的行動清單：week1 希望可以錄製兩支影片，然後找三個物件在週末看；week2 閱讀一本書，或看網路行銷線上課程等。這個就是依照你自己的能力，去為自己安排一下你應該要做的事情。

✦ Step3 以月為單位去檢視並且調整行動清單的項目

例如在 5 月你會有這些行動清單，但這些行動清單應該是你在 4 月底寫的。每個月的月底，必須去檢視這個月行動清單的進度如何，完成度是多少呢？

財務目標排程表

STEP 1 列出你的年度目標
主要以事業與財務目標為主，不過當然你有其他的目標也可以一併列在這邊

STEP 2 以週為單位列出行動清單
因為我們的生活常常會有一些事情耽誤本來的計畫，所以週為單位制定行動清單會比較有效果，也會讓自己的排程比較能彈性調整與運用

月

W1

W2

W3

W4

W5

Ps. 這邊的行動清單一定要回去對照你的年目標，是否有根據目標而計畫的行動方案

STEP 3 以月為單位去檢視並且調整行動清單項目
每個月的月底都要檢視並且調整制定下一個月的行動清單

<u>PART3</u> 財富自由習慣養成清單

　　第三個部分是「財富自由習慣養成清單」。我覺得習慣的養成是需要時間的，所以你也必須時常提醒自己有沒有保持這樣的習慣。

　　有時候大家都會忘記，所以我特別列出一系列需要養成的財富自由習慣。每個月或是過一陣了回頭審視時，發現自己有做到的話，就可以在這些格子裡打勾。

　　　　　　　　　　　　　　第一章　投資理財是一種生活態度

財富自由習慣
養成清單

- 對金錢都是正面的心態

- 對有錢人都是正面評價，並且願意聽他們分享從中學習

- 每個月至少讀一本投資理財相關的書籍

- 記帳三個月，了解並養成好的消費習慣

- 申辦至少一張信用卡開始累積信用

- 為自己配置醫療保險

- 開立一個帳戶專門給投資用

- 將所有的帳單(包含電費/水費/電話費/信用卡費)都設定自動繳款

- 每月的信用卡帳單都是全額繳清

- 找到一個自己很感興趣的投資工具

- 報名至少一場此工具的實體或線上課程

- 找到至少一個可以為自己創造額外收入的來源

第二章
不必縮衣節食的開心安全理財法

2－1

22k 還存得到錢嗎？如何簡單存錢？

　　我以前是月光族，雖然並不是刻意地把錢花光，但錢就是會莫名其妙減少。我後來覺得這樣不行，怎麼能帳戶都沒有存款呢？於是決定開始存款。

　　但我是一個非常懶惰的人，所以理財、存錢的方法一定要很簡單才有辦法持續。在這個章節中，我就要跟你分享四個簡單存錢的方法。

PART1 強迫儲蓄

　　首先，你要先去開第二個帳戶，如果你有兩個以上的帳戶，那很好，你可以把其中一個帳戶當成強迫儲蓄的帳戶。

　　如果你今天已經開始工作，你會有一個薪轉戶（工作收到薪水的帳戶），先把這個帳戶當成是你平常使用的帳戶（帳戶A），**這個帳戶必須設定在每個月固定日期自動轉帳到另一個帳戶B。**

　　比如說你是每個月6號領薪水，你可以設定每個月的6號或8號自動扣款一萬塊或是一萬五（看你自己覺得每個月應該要存多少錢）到帳戶B，留在帳戶A中的錢，才是你這個月可以花費的錢。

　　很多人都搞錯順序，拿到錢就先花，沒花完的才會存下來，但應該是把這個順序交換，先存款，剩下的才是可以花費的。最重要的是，這個帳戶B的金融卡你必須收好，不能放在錢包裡，也就是這個帳戶裡的錢你不可以隨時動用，這樣一來就可以很自動化地存款。

PART2 培養記帳習慣 💬

老實說，這個部分的確是比較麻煩一點，但是現在手機 APP 都很發達，比起以前傳統計帳的方法，已經簡化方便很多。

我個人是使用 CWMONEY，介面都還蠻清楚好懂，而且可以分帳戶記帳（在後面，我會詳細說明怎麼分帳戶記帳）。

我要強調，**記帳的目的是要你有意識地花錢**，當你覺得拿出手機記帳的頻率很高，或是看著螢幕上的數字越來越多，自己會在花錢這件事上比較有意識，就不會亂花了。

PART3 改用現金 💬

研究指出人類在花現金時，會比較有痛感，如果是刷信用卡，這種痛感就會比較低。

你可以每個月領薪水時，只先領一萬元（金額自己設定），然後就要限制自己這一個月都不能再領錢了。

我自己很不喜歡領錢的感覺，只要一領錢，我就覺得自己又要多花錢了。你可以規定自己在每個月初時領一筆固定的金額，並規定自己在下一次領薪前，都不能再領錢了。

　　回到本章的主題，22k 到底能不能存錢呢？我想以上這三個方法都可以開始幫助你存錢，不過如果你今天每個月只有 22k，**除了節流之外，你還要思考的是如何開源。**

　　「開源」與「節流」，到底哪一個重要呢？如果以哪一個可以幫你更快達成財富自由的方向思考的話，**那開源比節流更有機會。**

　　假設你現在每個月現金流（薪資等收入）是五萬，你再怎麼會節流，每個月最多也只能存下五萬；但如果開源的話，每個月能存下的金額就是無限大。

　　不過「節流」卻比「開源」容易做到，因為你無法現在此刻就立即開源，但你可以從現在就開始節流。

　　節流的同時，你也必須時時思考該如何替自己開源。我曾經看到一句很認同的話：**「我們現在的狀態，都是由 2～3 年前的自己決定的。你的『現狀』簡單來說，就是你的『過往累積的成果』。」** 如果你清楚這個邏輯，就會知道你想要馬上改變現狀有多困難了！累積跟耐心固

然重要，但堅持更重要。

　　你必須「從現在開始累積」。

　　而三年後的你，會感謝此刻開始努力累積的自己。

　　　　　　　　　　　　　　　第二章　不必縮衣節食的開心安全理財法

Run yourself

打造富腦袋！從零累積被動收入
074

要成為有錢人，你必須使用帳戶理財法

投資理財界中有一本非常有名的書，堪稱理財界的聖經——《有錢人想的和你不一樣》。

為什麼它是聖經呢？因為**書中主要談的是致富心態面，而不是工具面**。不過書中提到一個非常好用的理財方法，我自己也有實際使用過，我認為這個方法非常適用於剛開始理財的每一個人。

這個理財方法的大原則，**是你要「把自己當成一間公司在經營」**，你每一筆的收入就是你這間公司的收益，而這些收益，要再依照不同比例分配給公司的各個部門。這些部門也就是負責你不同的支出種類的各項帳戶。

這六個帳戶分別是 10% 的「財富自由」帳戶、10%

的「自我成長」帳戶、55% 的「生活必需」帳戶、10%
的「長期計畫」帳戶、10% 的「自由玩樂」帳戶及 5% 的
「行善贈與」帳戶（這裡的比例只是假設，每個人可以依
照自己的狀況做調整）。

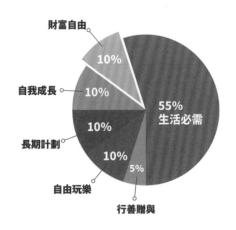

<u>PART1</u>　「財富自由」帳戶 🗨

　　最先提到的帳戶也是最重要的，每個人開始投資理
財，都是希望未來可以走向財富自由，所以財富自由的第
一關鍵，就是你必須固定把你部分的資金投入到創造資產
中，這個帳戶的錢千萬不要動用。

PART2 「自我成長」帳戶 ♡

這個部分的錢要用來投資你的大腦，讓自己可以持續地學習成長。這個帳戶的錢也是非常重要的，可以幫助你下班後充實自我，提升職場的競爭力，幫助你的收入再提升。

我很推薦大家看書，而且我自己除了看書之外，也非常喜歡去聽講座，或是去上一些課程。

我曾經花了兩萬元上了某堂課，有了做 YouTube 頻道的想法，後來頻道幫我賺的錢已經是學費的好幾倍；我也曾經前後花了二、三十萬上了網路行銷課，這些知識後來也幫我賺回了好幾倍；我還花了三、四萬上了隔套包租公的課，一年後，我每個月擁有三、四萬的租金被動收入，早已賺回當時投資的學習成本。

很多人都捨不得花錢在學習，但卻捨得花錢旅遊、買貴重的 3C 用品或名牌。我想提醒你的是，學習真的是最好的投資，未來幫你帶來的價值絕對超乎你想像。

PART3 「生活必需」帳戶 💬

　　這個帳戶基本上就是要維持你的生活開銷，也就是用來支付你的房租、電費、水費、瓦斯費、交通費、保險費、手機費、伙食費等，用更簡單的方式解釋就是你的生活成本。

PART4 「自由玩樂」帳戶 💬

　　大部分人非常喜歡的帳戶。這個帳戶為什麼必須存在呢？**其中的道理就如同減肥，如果你一直限制自己不能享受美食，不能吃喜歡吃的東西，是沒辦法長久執行的。**

　　理財也是，你要讓自己有一筆錢是可以盡情花費，去做自己想做的事，去買自己想買的東西，這樣理財的習慣才能持續。

Planning
account

　　　　　　　　第二章　不必縮衣節食的開心安全理財法

<u>PART5</u> 「長期計畫」帳戶 🫶

　　人生中，會有一些計畫是需要大筆的支出，比如留學、結婚、買車、買房、出國旅遊等，這些項目就透過這個帳戶去支付。當你有做這樣的規畫時，你就會知道要怎麼安排先後順序。

<u>PART6</u> 「行善贈與」帳戶 🫶

　　這個帳戶會用於何時呢？比如朋友生日、參加婚禮或是逢年過節需要包紅包給長輩等，只要是要給別人的錢都可以算在這個帳戶。另外，若你有捐款，也可以算在這個帳戶裡。

　　除了以上的項目以外，也可以依照個人的需求去做比例或是項目的調整。

　　我自己再增加的兩個項目，一個是「美容保養」帳戶，因為身為一個女生會花錢去買化妝品、保養品等；另外，我還有建立一個帳戶是給我的 YouTube 頻道的，當

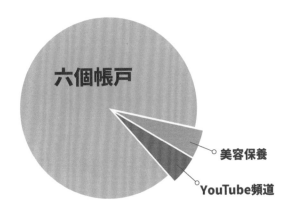

需要添購一些設備，或是其他拍攝影片需要支出成本時，我就會把它們歸類在此帳戶。

在實際執行時，你不可能去銀行開六個實體帳戶（當然如果你想這麼做也可以）。身為一個懶人，我覺得這樣管理起來實在太麻煩，這時候理財 APP 就是一個很好用的工具。

如果你覺得 APP 記帳很麻煩，也可以用信封袋的方式去管理；或是使用一種給常出國的人使用的皮夾，它有很多夾層可以裝多國貨幣，每一層就當作一個帳戶管理。

2-3

三個帳戶無痛存錢

　　在上一篇文章跟大家分享了帳戶理財法，你看完之後，現在也許在心中 OS 要分那麼多帳戶好麻煩，大大降低你想要開始理財的決心了，所以我要緊接著介紹你這個簡化版的理財法。

　　不過在開始介紹前，我還是建議新手，或剛開始學習記帳的人，可以先使用前面這個方法。**它可以幫助你鉅細靡遺地判斷、分析自己的消費習慣**，我自己也用了這個的方法至少一年。

　　如果你今天是比較懶惰的人，或是你覺得那個方法沒辦法執行，那就請看看接下來的這個簡化版吧！

　　第一個關鍵是一模一樣的，也就是一定要先分配部

分的錢到「財富自由」與「自我成長」帳戶。再次提醒你，這兩個帳戶是最重要的，暫且統稱此帳戶為「儲蓄」帳戶。

當你分配完「儲蓄」帳戶後，接下來再分出「需要」跟「想要」帳戶。「需要」帳戶就是你為了生存下去必須花的錢，例如伙食費，或是即使不出門，也必須繳交的費用，例如水電費、瓦斯費、網路費、手機費、租金或房貸等。

「想要」帳戶指的是即使你不花這筆錢，你也不會怎麼樣，但是你花了這筆錢會比較開心，例如：跟朋友唱歌、旅遊、買衣服等。

這三個帳戶的比例要如何分配呢？一開始我都會建議依照個人感覺去分配。

PART1 「儲蓄」帳戶 💬

一般來說「儲蓄」帳戶都是先從 10% 起跳，但不要想 10% 已經很多了喔，非常會存錢的人基本上都是 30～40% 起跳，甚至是一拿到錢就存一半也有。

接下來不論你的收入有沒有提升，你每年都要慢慢增加儲蓄的 % 數。例如你今年先存 10%，明年就是 15%，後年就是 20% 等。

PART2 「需要」帳戶

「需要」帳戶比例維持一定。如果你今天分配 50% 在需要的帳戶裡，之後就不要再往上調升了。未來如果收入增加，即使比例沒有變動，生活品質還是可以逐步提高的。

假設現在你的收入是 5 萬，5 萬的 10% 是 5 千，兩年後加薪，收入變成 7 萬，7 萬的 10% 就是 7 千。這 2 千塊的差距就可以讓你的生活再過得更好一點。

PART3 「想要」帳戶

「想要」帳戶一般來說，大家都會覺得比例要越少越好，但是人的欲望是非常難控制的，所以我覺得這個部

分就是守住它就好。

與「需要」帳戶不同，你要著重的不是比例，而是實際金額。例如你今天分配給「想要」帳戶一個月是 1萬，那你就不能再讓自己超過 1 萬元的花費。

即便未來有增加收入，在這個「想要」帳戶裡，你也不能再增加金額。

套用前面 5 萬與 7 萬收入的例子，即使你的收入變多了，你還是得維持 1 萬這個狀態，但在支出金額不變的情況下，你的「想要」帳戶以比例來計算，就會多出約 6%。這些多出來的錢，就請你存到「儲蓄」帳戶中。

並且如果你是一個對於存錢更有衝勁的人，建議可以「需要」跟「想要」的帳戶都逐年下降，並且提高儲蓄的比例。

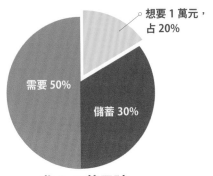

想要 1 萬元，
占 20%

需要 50%

儲蓄 30%

收入 5 萬元時

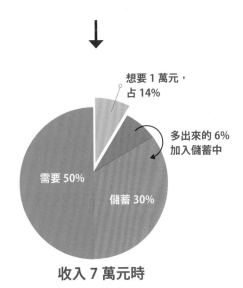

想要 1 萬元，
占 14%

多出來的 6%
加入儲蓄中

需要 50%

儲蓄 30%

收入 7 萬元時

　　　　　　　第二章　不必縮衣節食的開心安全理財法

三大漏財蟲讓你存不到錢

這些習慣 NG!

　　很多人會覺得自己的存錢速度一直沒辦法加快，原因是什麼呢？可能是你平常的行為、習慣有藏著「漏財蟲」。這一篇文章，我就要跟你們聊聊三個隱藏的存錢危機，幫你們揪出漏財蟲！

1. 對品牌有迷戀

　　有些人對品牌有一些特別的情感、迷戀，我也有看過有些人是非名牌不用，覺得名牌的東西才比較好。

　　我承認名牌有時候在質感上會較佳，提供的服務也

真的比較好，但是其實有很多平價的品牌 CP 值高，也是不錯的選擇。這裡要提醒你的是，**並不是完全不能買名牌，而是不要過度地崇尚，或是對品牌有迷戀。**

在理財初期，**比較好的做法就是不要花太多錢在物質上，這樣可以省更多錢投資在能幫你產生被動收入的地方。**等到你的錢開始幫你賺錢時，再來買你想要買的東西。

2. 有負債卻急著投資

其實負債跟投資都有利息的概念在內，如果你把錢放在可以幫你滾錢的地方，你的錢就會越來越多；可是如果你把錢放在負債的地方，它也會幫你把債越滾越多。

如果存錢的速度沒有負債累積的速度快，你也不積極處理債的部分，**你辛苦存的錢就都會被拿去繳債的利息了！**

我了解有些人急著投資，就是想要趕快賺錢，或是覺得如果投資成功，就可以一次把很多債還光。可是投資都是有風險的，萬一不小心投資失利，就會瞬間累積更多

債務。

　　而還債不但是零風險，也是一個投資報酬率很高的選項。通常卡債的循環利息都是 10 ～ 12%，所以你一還款，就表示你賺了 12%，你的投資報酬率就有 12% 囉。

3. 貪小便宜的心態

　　例如被買一送一之類的活動給吸引等，這都是一些非常常見的銷售手法，我自己也很常這樣被迷惑。

　　其實你只要記住一件事，就是當有這樣的折扣時，**如果你購買的商品是消耗型的生活必需品，我覺得是可以的。**比如說衛生紙、牙膏、洗面乳、洗衣精等，趁著折扣的時候買，的確是不錯的策略；但是如果你今天是買消費型、娛樂型的東西，就會因為折扣而多花錢買了不必要的東西，掉進漏財的陷阱裡。

2-5

讓信用卡成為你的理財工具，
而不是負債工具

　　我相信大部分開始工作的人都有一張以上的信用卡，我指的並非現金卡，而是累積信用，和銀行申辦的信用卡。

　　其實信用卡是一個非常好的理財工具，但如果你不懂得如何使用，或是使用方式錯誤，反而會為自己的財務狀況帶來一些困擾。在這裡要跟你分享三個不能犯的錯誤：

1. 千萬別遲繳帳單

　　我相信大家都很清楚，但是很多人可能會因為忘記就犯了這項錯誤。為什麼遲繳帳單這件事情很嚴重呢？你

可能想說之後補繳就好了，但**第一個影響就是銀行會罰款，並且計算利息，**那你就會因此繳交比原本還要多的金額。

這個問題還算小，比較大的問題是**如果你遲繳帳單，會影響信用紀錄。**現在台灣銀行的資訊都是互通有無的，每個人的信用狀態都會記錄在聯徵中心，而每一個銀行單位都可以調聯徵中心的記錄出來看。如果你遲繳帳單被記錄在裡面，不論你未來要辦新的信用卡，或是未來有房貸、車貸、信貸等需求，都有可能會受到影響。

2. 千萬不要只繳最低應繳金額

如果你有信用卡，你應該都會看到帳單上面有一行寫「最低應繳金額」。這行字常讓大家誤會，覺得我只要繳這個金額就好了，但這真的是一個非常大的誤會。

對銀行來說，**你應繳的總金額扣掉最低應繳金額的中間差價，也就是餘額，會去滾「循環利息」。**現在銀行的循環利息都非常高，6% 至 14% 不等，即使是最低的 6% 也是非常高。

我有一個朋友就是不知道這件事，所以他每一期都想說繳最低應繳金額就好，等到他發現時，他的卡債已經越滾越多，嚇得他趕緊還清。

有時銀行也會問你要不要分期付款，但是他們並不會一開始就告知你利率。如果你需要分期付款，請在分期前先行詢問，避免負擔循環利息。

3. 千萬不要以卡養卡

這個觀念我相信很多人在報章媒體上看到過。有些人辦了第一張信用卡去消費，可是經濟狀況不足去繳卡費，所以再辦了第二家信用卡，去還第一家的卡費。

這個方式是非常要不得的，除了會讓自己陷入負債的深淵之外，像我剛剛所提的信用紀錄上，也會非常非常差，是使用信用卡時的大忌諱。

我們要一直有牢記——「有多少的能力，做多少的消費」，不論借信貸還是卡債，「以債養債」是絕對不可犯的大忌。

2-6
我的理財工具大公開

　　這本書看到這裡，你會不會好奇我實際上使用的投資理財工具有哪些呢？在投資理財的路上，我很多方法跟工具會隨著時間而調整、改變。很多在頻道或是社群媒體上跟大家分享的，都是我實際上有在使用的，或是我真的覺得很值得分享給大家的資訊。在使用的過程中，我也會做一些修正，或調整成更適合我自己的方式。

　　在前幾篇文章有跟大家分享過記帳的重要，在這邊還要再跟大家分享一個概念，就是**記帳這件事，並不是要你永久地去執行。**

　　很多人一想到記帳，就會開始懶惰，想說還要記帳好麻煩喔！但是我建議大家只要記半年到一年就可以了。

記帳的作用只是讓你了解自己的消費習慣，在我自己剛開始投資理財時，我就是用這樣的方法培養了理性的消費習慣。即使到現在我已經不再記帳了，我的存款還是會一直持續地增加，並不會回到過去月光族的狀態。

記帳不要嫌麻煩，其實你只要抓到自己消費的習慣，這樣就足夠了。我一直覺得理財這件事，要越簡化越好。當你把它複雜化時，真的沒辦法長久。這就像減肥一樣，如果你每天一直逼自己要運動、要吃得健康，其實你會覺得生活也變得沒有樂趣，也不會有動力支撐下去。

苦，只要一開始就好。之後你也會慢慢延伸出自己適合的方法，或是把它簡化，這樣理財的習慣才可以永久地持續下去。

PART1 我使用的銀行帳戶

之前跟大家分享過我使用多個帳戶的理財法，大家也常問我：「你真的開了六到八個實體銀行帳戶嗎？」

並不是這樣的，如果你實際上真的開了那麼多帳戶的話，事情反而變得複雜了呢，因為根本沒有那麼多心思

去管理。

　　我一直使用的只有兩個實體帳戶，第一個就是我的薪轉帳戶，我也會從薪轉帳戶設定自動轉帳到另一個帳戶。

　　這第二個帳戶，就是專門為了財富自由而使用的，只能用來投資，其它的開銷都會歸類在薪轉帳戶下。

　　薪轉帳戶我用的是國泰世華銀行，雖然一開始使用是因為公司的關係，你也沒辦法選擇，但我覺得國泰世華帳戶很好用的原因，是**在各個捷運站都有 ATM。**

　　大家都知道，**如果你用本行的 ATM 領錢，就不會有手續費的產生。**財富自由帳戶我選擇了中國信託，原因是離家近，辦理業務更方便。此外，每間 7 - 11 也都有中國信託的 ATM，不論你到哪裡，都很便於使用，我非常推薦！

PART2 我使用的信用卡

　　我在使用的信用卡有兩張，第一張是花旗的寰旅世界卡，它是 20 元 1 里，年費是 2 千 400 元。這張卡的優

點，就是里程數累積不會有期效問題，對我來說出國旅行時相當划算。雖然市面上會一直推出更厲害的里程兌換信用卡，不過身為一個懶人，我也懶得去辦別家信用卡了。

在使用信用卡上，我還有個小秘訣，就是我幫媽媽辦了一張附卡，當媽媽用附卡結帳時，點數會累積在正卡上，我再每個月請款她消費的費用。

另一張信用卡是 HSBC 滙豐的現金回饋卡，國內消費 1.22%，國外消費是 2.2%，很多國外消費我都會使用這張卡（信用卡方案可能會更動，請視實際狀況運用）。

但這不代表我很常出國才會使用，**其實像 Uber、UberEats 等電商網站其實都設在境外**，你刷卡當下不會知道，但下一期帳單一來，你就發現怎麼有那麼多的手續費？所以特別是在境外刷卡的部分，我就會使用 HSBC 這張卡來刷。

在之前使用信用卡的文章中，有跟大家提到千萬不要走到循環利息那一步，也不要遲繳信用卡費，影響到自己的信用。

我的作法就是設定了自動扣款付卡費，而綁的銀行帳戶，就是剛才提到的國泰世華銀行（生活用帳戶）。

2-7

兩性理財：
情侶、夫妻不同階段如何理財？

　　有研究指出，不論情侶或是夫妻，感情失衡很大的原因就是錢，所以跟另一半的理財方式也非常重要。理財理不好，感情也不會好的。我針對情侶跟夫妻，在不同階段提供不同的理財策略。

　　以情侶來說，還是算獨立的個體，所以最重要的事就是**必須要經濟分開**，不要把錢混在一起。不要想說現在感情很好，就把錢都放在一起用。當然，我的意思不是出去吃個飯，連一塊錢也要 AA，我指的是要有各別帳戶。

　　在情侶階段，判斷對方的理財概念還有金錢觀是很重要的。我相信現在正在看這本書的你，都是對投資理財有概念，或是想要開始理解投資理財的人。如果你的另一半

對理財完全沒有概念，走入婚姻後，就很容易因為錢吵架。

以我自己為例，我在認識我老公時，他的理財多半是聽從朋友的建議，跟保險業的朋友買保險、跟做房仲的朋友購屋等，缺乏自己的判斷能力。

我們交往後，我每天會跟他分享各種投資理財的理念及概念，他也漸漸耳濡目染，對投資理財也越來越有概念。現在我們可以一起理財，一起投資，有了共同的話題跟目標，感情自然也更融洽。

判斷對方的金錢觀方式有很多種，你可以看他是不是很小氣的人？是不是月光族、揮金如土？也可以試著跟他聊一些理財的話題，觀察他的態度。你會發現，有些人會覺得很不耐煩，也不願意聆聽。如果一直呈現這樣的態度的話，未來你們有很大的機率會因金錢觀差異發生糾紛。

這裡想要強調的是，並不是一定要找很會投資理財的對象，而是**他必須跟你一樣願意學習、彼此溝通，未來才會是能跟你一起努力，創造更好生活的好隊友。**

而夫妻更像是一個共同體，共同組織一個家庭，共同為彼此的未來努力。所以這裡建議經營共同帳戶。共同帳戶有兩種：

1. 以相同金額建立共同帳戶 💬

這個方式適用於夫妻薪資差不多時。

兩人每月固定存入一樣的金額到共同帳戶。比如說兩個人每個月賺五萬，那就可以每個月都固定匯三萬到共同帳戶。這個共同帳戶用於支付所有的家庭支出，若有小孩也可以從這個帳戶裡去支出。

2. 以比例金額建立共同帳戶 💬

如果兩人的薪資很懸殊，比如說老公賺十萬，老婆賺五萬，這樣如果必須每個月支出一樣的金額，老婆壓力就會相對大一些。

這時可以用固定比例的方式，比如說薪資的 50%，這樣老公就勢必會多出一點，因為他賺的錢比較多，不過還是在可以負擔的範圍。

共同帳戶的好處，就是使兩個人對家庭都有責任，為家庭的支出付出一些心力。另外，保有自己獨立帳戶跟使用金錢的權利也比較不容易吵架。

每個人都有不一樣的價值觀跟金錢觀，想花錢的地方都不太一樣，這就是為什麼每個人除了要經濟獨立外，夫妻之間也要保留給彼此用錢的空間，這樣就能大大降低彼此為錢爭吵的機率。

　　針對這個共同帳戶，還可以去辦一張兩個人都喜歡的信用卡（正、附卡方式），不論是累積里程、現金回饋或是其他的優惠皆可。

　　接下來有任何的家庭花費，你們都可以用這張信用卡去刷。這樣的做法也有三個好處，一是你就可以省去記帳的麻煩，每個月收到帳單，就會知道這個月的家庭支出大概是多少；二是你可以同時累積一些優惠，不論是里程數或是回饋；三是這樣你就不會忘記去繳水電費、瓦斯費、電話費等。

　　這類家庭固定支出，盡量都設定在這張信用卡上，每個月自動幫你繳費。當你又設定信用卡自動繳費跟扣款時，這個共同帳戶就可以去支付這張信用卡的卡費，家庭理財也會變得清楚明瞭喔！

3. 婚前協議書 ♡

談到兩性理財，相信大家都有聽過「婚前協議書」。

到底婚前協議書有沒有擬定的必要呢？在我結婚前，我諮詢過律師，後來發現婚前協議書可以約定的事情非常多，包含家事的分擔，未來小孩的教養方式，當然也包含財務方面的協定等。**不過如果只是想要財務方面的協定，其實可以申請夫妻財產制契約登記即可。**

夫妻結婚後，可以選擇用法定財產制或約定財產制（約定財產制包含「共同財產制」和「分別財產制」兩種），來決定結婚後的財產歸屬問題，如果用約定財產制，就要訂定契約，並向法院聲請登記。

✦ 法定財產制

如果你沒有特別約定，那麼你就直接會是法定財產制。簡單來說就是婚前的財產是自己的，婚後雖然也是自己的，不過如果遇到婚姻關係終止的狀況（包含離婚或死亡）則會進行「剩餘財產分配」，也就是夫妻雙方各自的婚後財產扣除婚後債務後有剩餘（財產大於債務），則由雙方平均分配剩餘財產的差額。

例如：老婆有 10 萬，老公有 100 萬，這時差了 90 萬，老婆可以要求老公支付 45 萬給自己。

✦ 約定財產制

以分別財產制來說，可以簡單理解成：人結婚了，但財產沒有結婚，夫妻各自管理各自的財產，債務也是各自分擔。

而共同財產制，顧名思義就是夫妻共同擁有財產，如果遇到婚姻關係終止的狀況，夫妻各自取回訂立共同財產制契約時的財產，再用共同財產扣掉共同債務後，平分餘額。

這跟法定財產制聽起來有點像，但重點在於共同財產制在婚姻關係中，財產都是兩人共有的，也就是任何財產的處分都要兩人同意，因為夫妻雙方都有所有權。

以我自己來說，我傾向分別財產制，因為這樣是最簡單不複雜的，只要管好自己的財產就好。

很多人會問我，夫妻或情侶之間談錢不是很傷感情嗎？以我的狀況來說，可能我自己本身就在分享理財的內容，所以跟任何人談起錢好像都不會特別突兀（笑）。

我自己在跟我老公談起夫妻財產制契約時，正好亞馬遜創辦人貝佐斯離婚，當時新聞說他老婆因為直接分得貝佐斯一半的財產，所以會變成世界第一富婆。我藉由討論這個新聞了解我老公的想法，恰好發現他也認同夫妻分別財產制的做法。

　　如果你今天不好意思跟另一半開口，我推薦利用新聞事件或是朋友事件當一個開啟話題的「魚餌」來試探試探另一半的想法，也可以避免婚後更多金錢上的紛爭！

第三章
沒時間投資，就這樣辦

time management

3–1

時間管理的秘訣

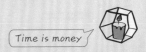

Time is money

你常常覺得自己很忙嗎？但是當人家問你在忙什麼的時候，你卻回答不出來確切在忙的事？

在開始聊投資前，我想先跟你聊聊時間管理的觀念。老天爺對世界上所有人最公平的事，就是每個人一天都只有 24 小時。要如何在人群中更突出，有更好的表現關鍵就在於你如何利用這 24 個小時。

我在本章會提供各種懶人投資法，讓你不用花太多時間在投資上，但你還是要理解時間管理的重要！這樣你就可以把多出來的時間花在更有意義的事上。

我要跟你分享四象限時間管理法，這個理論是由美國一位管理學家柯維所提出，而市面上所有時間管理的

書，都是基於這個理論而延伸出去的。他將需要處理的事，以重要、不重要、急迫、不急迫分成四個象限。

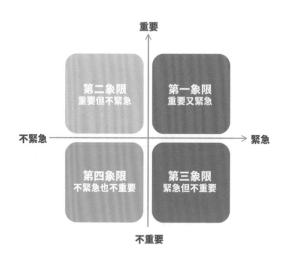

QUADRANT1　急事

這個象限的例子像是住院、開刀，或是應付工作上一些很臨時、緊急的事。

在這象限內的事，**考驗的是我們的應變力及判斷力**，如果處理得不好，可能會導致一些很嚴重的結果。**但是其實這個象限的事情，很多都是由於第二象限沒有處理好而演變成的。**

$\overline{QUADRANT2}$ 要事 ♡

這個象限主要跟你的生活品質、長期規畫，還有自我成長、提升自我能力有關。

剛才提到，第二象限的事情處理不好的話，就會跑到第一象限，比如你平常沒有在做健康檢查，等到你身體狀況惡化嚴重，再來處理卻可能為時已晚。

這個象限並不是短時間就能看到結果的，所以這個象限裡的事雖然重要，卻也最容易被人忽略，我們必須常常提醒自己，要把大部分的時間都花在這個象限裡。

以我為例，我平常下班後，會花非常多的時間去上課、聽講座、聽演講，或是看書。但充實自我也不要毫無目的性，我建議可以針對你現在正在面臨的一些挑戰或問題，進而去尋找相關的主題（解決方案）。比如你最近剛好升上主管，那你就可以去上管理的課程，或是看管理類的書。

QUADRANT3 煩事 💬

緊急但不重要的事，像是接電話、開會或是突來的訪客等。當你在這象限時，你可能會覺得跟第一象限「急事」很像，可是這兩個象限最大的不同，就是第一個象限是關於自己的事，而**第三象限通常都是花時間在別人的事情上，更會造成瞎忙的狀態。**

最好的解決方法，就是要勇於讓這件事情變得有效率，像是在會議中要抓緊主題報告、講電話時避免瞎聊等。

閒事 💬
QUADRANT4

不重要也不緊急的事，比如看電視、滑手機、上網等。大部分的人在生活中，會花最多時間在第一及第三象限，又忙又累後，就覺得必須要給自己一個休息、放空的時間，於是又把剩下的時間放在第四象限裡。

當然，人生也不是完全不能有休息的時候，但除了滑手機、追劇以外，你可以去做一些健康的休閒，休息是

為了走更長遠的路，像是運動、旅行或是出外踏青等，都有益於身體健康，幫助你走得更遠。

分享完四個象限，我現在要給你一個「行動清單」作業。請你把生活裡所做的事情全部一一列出，再把它們歸類到這四個象限裡。這樣，你就可以很清楚地知道你平常都把時間花在哪些象限裡，幫助你在生活中，更有效率的分配時間。更重要的是，當你不再瞎忙，就會開始更能感受到生活的意義！

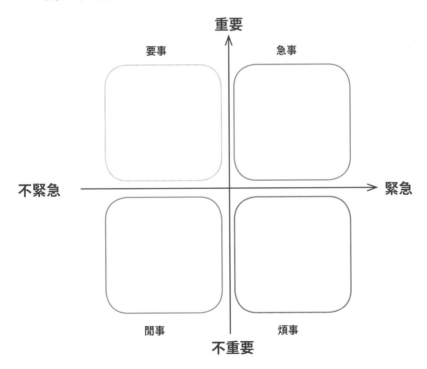

Save money

3－2

沒錢可以投資嗎？

　　「投資」顧名思義，就是要「投」入「資」本，所以有 99.99% 的人不開始投資的原因，就是因為覺得自己沒有資本。

　　在這篇文章中，我要針對這個問題提供解決方式。我主要探討三個部分，就是開源、節流、投資。

　　開源跟節流可以同時進行，當你持續做這兩件事情時，你就有資本可以投資了。

PART1 節流是基礎 🫶

第一個問題要問你：「你開始記帳了嗎？」記帳是理財過程中非常重要的一件事。重點並不是要你把每天的花費都記下來，然後月底去審視自己花了多少錢，這樣的記帳方式是沒有任何意義的。

記帳的重點在於如何安排預算，好好分配你的錢。這個概念很像專案專戶，也就是你每個月有多少預算，你就應該要花多少的錢，在 P.75 及 P.83 有跟大家詳細說明囉，可以回去參考。

之前有網友在我的影片留言說，他覺得理財根本不重要，賺更多錢才是最重要的。我部分同意這個說法，不過**我覺得開源跟節流是一樣重要的。**

節流的重點並不是過度犧牲生活品質，而是要知道錢都花到哪裡去了。好好管理自己的預算，讓每分錢都非常有效率地被利用。如果你今天不懂得理財，不懂得管理自己的錢，即使你今天賺了非常多的錢，一樣留不住。

PART2 開源加速資本累積

對一般人來說，最主要的收入就是薪水，在此我要提供三個建議給你。

✦ 1. 從事業務工作

如果個性不排斥，我非常建議你從事業務工作。雖然業務工作也是上班族，可是並不像上班族一樣領固定薪水。公司會提供業務獎金，如果你夠努力，幫公司爭取更多客戶，同時也能幫自己賺取更多收入。

如果你擔心生活沒有保障，也可以選擇有底薪的業務工作，不但可以保障你基本的生活開銷，也可以透過自己的努力，幫自己賺取更多業績獎金。

此外，藉由業務工作累積人脈與經驗，未來有一天想創業時，這些都會變成你寶貴的資產，這也是為什麼很多老闆都是業務出身的。

✦ 2. 自己創造副業

之前有一本《不離職創業》，鼓勵大家利用下班時間去發展自己的事業。在你還保有工作時，因為有穩定的收

入，所以能夠降低創業的風險。

而要開始拓展自己的副業，有三件非常重要的事：

一，你的副業要跟本業有關。本業是你最熟悉，也已經擁有相關的技能與能力的領域。如果可以把這些資源與優勢發揮到自己的事業上，是一個成功率較高也比較有效率的方式。

二，這個副業要對你的職涯有幫助。副業不單單可以賺取更多收入，也要用創業的思維去思考。我們需要的副業，要可以隨著時間累積而堆疊出更大的價值。

三，期望此副業未來能成為本業。有些人很清楚，自己目前做的工作並不是熱情與興趣所在，只是一份維持生活的工具。這時你的副業就可以做你真正感興趣的領域，並且也是你未來會想要全心投入的事業。

如果你想要發展的副業符合三項中的任何一項，都會是很值得投資的副業。

✦ 3. 積極培養工作能力，讓老闆離不開你

當你能做到這個程度，就可以固定跟老闆談加薪，如果你的價值也一直被老闆認可，那薪資也就能越來越高。

我們在面試新工作時，最後老闆或面試官都會問一個問題：「有沒有什麼問題要問？」

這時候，你可以用這個問題去判斷未來在這間公司升遷的效率：「如果我非常地努力、認真，那我最快什麼時候可以升遷呢？」如果你得到的答案是三年才有一次審核制度，那大致上可以判斷，升遷最快也是三年。也就是說這間公司升遷的速度是相對比較慢的。

如果你不想擴張主動收入，想要直接透過投資賺錢，下面要提供給你的方法就是要「懂得利用投資幫別人賺錢」。

很多專業投資人或是資產管理公司都是透過這樣的方式賺錢的。透過幫助別人投資賺錢，自己也可以透過績效的成果而分得利潤。

How to invest

3-3

投資新手應該投資什麼？

　　我最常被大家問的問題就是：「新手到底應該要投資什麼呢？」**我的答案就是：「投資自己。」**

　　這個答案可能會讓很多人失望。大多數人期望我跟他講一個確切的投資工具，或是講哪一支股票，但我想先針對投資自己跟你分享：

1. 適合別人的不代表適合你

　　我不會跟你說應該投資股票或是房地產，因為適合我的，並不代表也適合你。我自己很喜歡投資房地產的過

程，可是很多人就不喜歡。

我在 YouTube 頻道上分享過許多投資隔套物件心路歷程的影片，你會發現，其實這個過程是非常漫長的，過程中也會遇到很多困難跟阻礙，但是因為我喜歡房地產，所以我會覺得這就只是一個過程而已。

可是有很多人會覺得這個過程很煩，他反而喜歡買股票，覺得比較簡單，在網路上操作就可以了。以房地產這個投資工具來說，喜歡隔套跟喜歡做二房東的人個性也不一樣，比如說喜歡隔套的人，他們可能享受議價的過程，喜歡二房東的人，他可能就不喜歡前面買房子的過程，反而比較喜歡後面裝潢或是佈置的部分。這也就是為什麼我不會跟大家說，你應該先去學什麼樣的投資工具，因為我覺得每個人的個性不一樣，所以適合你的投資工具也就不會一樣。

2. 愛他才能堅持下去

你要喜歡才能長久，遇到困難才有動力去克服。就像我剛剛提到的隔套心路歷程，如果你今天不喜歡的話，

很有可能中途就會想放棄，或是做得很痛苦。

　　這個道理其實跟我們談戀愛很像，每一對情侶在交往的過程中都會需要磨合，但是願意堅持下去磨合，肯定是對對方的愛很濃厚才會有這樣的動力吧！

　　不論你最終選擇投資什麼工具，我都希望你可以一直記得，投資自己，永遠要擺在第一。

　　股神巴菲特也說過：「**投資自己是人生中最重要的投資，這是財務方面的投資完全比不上的。如果你更有本事，更有能力，更有洞見，那你會更能得到財富自由，這些技能也才會為你帶來財富自由。**」

　　　　　　　　　第三章　沒時間投資，就這樣辦

3-4

你適合什麼投資工具？

　　《富爸爸》系列作者之妻金‧清崎，也寫了一本《富爸爸，富女人》。書中說到她把所有的投資商品（資產）分成四大類，分別是「房地產」、包含股票、權證、選擇權等「紙資產」，再來是石油、天然氣、黃金、白銀等「商品」，以及「創業」。

1. 房地產

✦ 優點

1. 可以運用資金槓桿。例如跟親朋好友募資，跟銀行貸款。投資股票等雖然也有股票融資，不過利率跟房地產相比可就差滿多的。

2. 創造現金流。透過出租可以每月獲得現金流。

3. 投資策略較彈性。可以出租賺取現金流，也可以賺資本利得。

4. 相對於紙資產來說，有相對高的掌控權。紙資產在購買之後，完全沒辦法掌控企業經營的方向，或是模式等，但把物件重新裝潢、租金要設定多少，都是自己可以決定的。

5. 不易受市場波動影響。你可能想說怎麼可能？像 2003 年的 SARS，房市不是重挫嗎？但這裡指的是租金的波動。房地產慘跌時，在沒有賣出的狀況下，房子的價值只限於市價的影響，但是房租卻不會有太大的起伏。

✦ 缺點

1. 交易時間長。從看物件、下斡旋，到成交的手續辦理等，都需要比較多時間。

2. 流動性較低。股票想要隨時買賣都是比較快的，房地產就比較難有那麼快的流動性，需要等到買家，要不然無法脫手。

3. 操作複雜性較高。房地產要著重的技巧非常多，要懂工程，也要懂風水，甚至是銀行的資源，還有議價的技巧等。

2. 紙資產

包含股票、權證、選擇權等。

✦ 優點

1. 流動性很高。隨時要買賣都可以。

2. 門檻很低。不需具備大資金，就可以進場投資。

3. 現金流的優勢。如果投資穩定，發放股利的標的時也可以享受現金流。

✦ 缺點

1. **沒辦法掌控投資標的的經營策略或方向。**

2. **容易受到市場波動影響。** 而且不像房地產一樣，可以耐心持有等景氣回轉。有些公司如果沒有撐過市場的波動，最後可能就會結束經營了，而你投資的標的最後也就毫無價值了。

3. **使用槓桿風險相對高。** 雖然股票也可以融資，不過除了利率偏高之外，在上一點也提到如果標的選得不正確，股票的價值接近零。相比之下房地產的價值不太可能完全消失，這也是為什麼紙資產在使用槓桿時風險會更高的原因。

4. **進出市場太頻繁。** 因為每筆交易都會有手續費的產生，獲利容易被手續費吃掉。

3. 商品

包含了白銀、黃金、石油、天然氣等。

✦ 優點

1. 門檻很低。跟紙資產一樣，不需大資金就能進場投資。

2. 需求會隨著經濟成長而增加。現在很多國家都在經濟成長中，比如說印度、中國等，對於這些能源或商品需求會比較高。

3. 可以抗通貨膨脹，或是成為弱勢貨幣的避險工具。以黃金來說，當大家對貨幣沒有信心時，就會傾向買進黃金，因為人們相信黃金是相對保值的，這時候黃金的價值就會很高。

✦ 缺點

1. 無法享受現金流。如果投資的是商品類，通常投資策略是賺資本利得。

2. 使用槓桿風險高。理由跟紙資產一樣。

3. 因為商品的特性，容易受到經濟情勢影響。

4. 企業 🗨️

指的是自己創業，你的公司你作主。

✦ **優點**

1. **有掌控權**。想要傳遞什麼樣的品牌核心價值都可以，控制自由度高。

2. **可以運用財務槓桿**。招募股東，跟銀行貸款做企業貸款都可以，但因為成功率較難掌握，所以風險也是相對高。

3. **可以利用他人的時間**。透過聘請員工，幫自己的企業創造更多的價值。

4. **無限的報酬率**。現在你看到很多創業成功的人，他們也許都從非常非常少的資金開始，經營成功後就是身價上百億、上千億都是有可能的。

5. **有表達自己想法的自由**。

✦ **缺點**

1. **成功困難度高**。

2. **工時很長**。當你今天決定創業時，即使沒有去公

司上班，你的腦子也一直在想這個企業的事情。

　　3. 當你的企業還沒有賺錢時，你是不會有收入的。

　　4. 人才的問題。這也是正反兩面的一個點，可以利用好的人才來幫你拓展企業的價值，但是在管理人員方面，也會是一個很大的挑戰。

　　以上只是列出在市場上比較常見的投資工具，現在也有很多人會投資跟我們日常生活更相關的標的，比如說鞋子、精品、酒等，有些限量的商品買了會增值。如果你發現值得投資的標的，都可以去嘗試看看，因為投資並不僅限所謂的金融商品而已。

　　最重要的是「每種資產都有優缺點，請你要瞭解自己的喜好」。今天在你看來是優點，在別人看來可能會是缺點。

　　當你在研究它的過程中，你會覺得非常有趣，可以全心投入，也願意花很多的時間跟心力去學習，那就是最適合自己的方式。

Investment tool

3－5

我投資房地產的六個原因

我主要的投資工具以房地產為主。

為什麼我喜歡房地產呢？其實在接觸房地產前，我也有想要嘗試很多其他的投資工具，包含台股、美股、外匯保證金。但當我實際上去研究、學習後，在學習的過程中，並沒有覺得很有趣，甚至開始覺得有點痛苦。

我發現自己很不喜歡看盤、看線、看數字，導致沒辦法有動力去研究它。我喜歡房地產的原因，是因為房地產的交易期限雖然拉得非常長，但我比較偏好穩定，這樣長時間的投資以我的個性來說，是可以接受的，過程中我也覺得很有趣。

　　　　　　　　　　第三章　沒時間投資，就這樣辦

1. 房地產可以用槓桿操作 💬

　　也就是你可以用低成本，甚至零成本的錢去投資。槓桿是什麼呢？槓桿就是銀行的錢或是投資人的錢，大家都知道銀行貸款的利率非常低，首購利率大概就是 1.5 ～ 1.6%，大部分房貸利率在 2% 以下。台灣房貸以全世界來說是真的非常低，是大家都可以好好運用的槓桿。

　　很多人跟我說股票也可以貸款，但是股票貸款一定沒有房地產的利率這麼低。另外，找別人一起合資，或是找投資人來投資我的物件，說服力是比較高的。

2. 價值不太可能完全消失 💬

　　但是股票（這裡是指個股）只要判斷錯誤，就有可能化為廢紙。我投資股票也不會買風險很高的（雖然賺錢的時候可以賺比較多）。

　　我會選擇比較穩的企業，或是國營企業，甚至是 ETF（一籃子股票的概念），幫助分散風險。當然房地產也會有折價的風險，比如物件不幸變成凶宅，或是受到周邊建

設影響，當然也是會影響房價，只是房子變成零價值的機率非常低。

3. 每個月可以產生穩定的現金流

居住需求是剛性需求，所以租金收入是相對穩定的。股票要有策略的規畫，才能產生每個月的現金流，股利通常都是季配或是年配。如果投資的是美股，還要有一些匯款的手續費以及稅費，因此通常大家會設定自動投入，讓投資組合複利成長，但這樣一來，想獲得每個月穩定現金流的收入就比較困難。

　　　　　　　　　　　第三章　沒時間投資，就這樣辦

4. 房地產也可以複利

　　很多人可能想說，房地產很難產生複利效應，但如果你仔細思考複利的概念，其實就是把投資賺到的錢再反覆投資進去。

　　以股票來說，就是你拿到股利時，再把股利重新投進去繼續買的概念。房地產操作方式也是如此，你收了租金後，部分可以提升你的生活品質，另一部分也可以再操作下一間，資產也會越滾越大。

5. 可依市場狀況，
彈性調整投資策略 ♡

在景氣不好時，大家都不太會買房子，但居住需求是剛性需求，大家一定會有住的需求，所以在景氣比較不好時，就賺租金的收入；等景氣好時，可以賣掉賺價差，所以我覺得房地產的獲利比較不受大環境影響。

當然這個前提都是你有看對位置、挑對的物件，以及合理操作槓桿，把槓桿控制在安全範圍之內。

很多人都會跟我說房地產一間搞不好就會被套牢，這的確是事實，所以槓桿不宜操作太大，如果資金運轉不過來，這個優勢就變成劣勢了。

6. 投資報酬率相對高 ♡

這裡用數字跟大家呈現。如果你今天有 100 萬的資金，去買高殖利率的股票，跟拿去操作房地產收租金，每個月收到的現金流有落差。

假設 100 萬買殖利率 10% 的股票（10% 在市場上已

經算很好的股票），你的利息收入，一年就是 10 萬，換成每個月大概就是 8333 元左右；但如果我把這 100 萬拿去槓桿操作房地產，月入租金扣掉房貸利息等，獲益可以到上萬。

這裡操作的方式是以隔套的方式去做，如果你是整層買進來收租的話，比較沒辦法創造那麼高的現金流。所以重點還是要懂得優化物件，創造更大的價值。

除了以上的原因，更重要的是我在操作房地產的過程，得到了很多的樂趣跟成就感。

房地產跟其他工具相比是跟「美」比較相關的，當我把一個物件佈置得美輪美奐，讓租客滿意也住得舒服，既獲得了租金也得到了成就感。

再次強調，投資工具沒有最好，只有適不適合你。選你所愛，愛你所選。

懶人投資法

　　平常生活已經很忙碌的你，實在沒有時間去研究投資理財找到適合自己的投資工具？在這個章節，我就要跟大家分享三個懶人投資法（又稱被動投資）。

　　所謂的懶人投資，就是投資人不太需要花時間或心力研究就能執行的投資方法，這些方法包含了借用別人的專業，跟著整體市場長期經濟成長，以及科技（人工智慧的運用）。

1. 借用別人的專業 —— 基金 💬

　　基金，就是利用別人的專業來輔助我們投資，給我們投資理財的建議。我身邊有 80% 的人都有投資基金，但是當我問他們基金都投資什麼樣的標的時，他們多數都回答不出來。

　　其實我在 IG、YouTube 等社群媒體上，比較少跟大家推薦投資基金的原因，**是因為大家開始投資基金後，就會有種依賴的心態。**它的特性的確很適合平常很忙碌的人，但如果你是一個積極投資理財的人，基金就不是個首選的投資工具。

2. 跟隨市場經濟 —— ETF 💬

　　上述提到的基金，這幾十年大家慢慢發現它的績效大部分落後大盤，這也是為什麼後來 ETF 很熱門的原因。

　　ETF 是 Exchange-Traded Fund 的簡稱，簡單來說就是買一籃子的股票。很多小資族想買一些龍頭股或績優股時，可能會礙於資金有限無法投資。這時，他們就可以用

ETF 的方式買進。

　　台灣市場被大家推薦的兩支就是 0050 跟 0056。0050 是台股 50 檔市值最大、符合篩選條件的股票所組成的 ETF，這 50 檔占台股總市值約 8 成。0050 的表現幾乎與大盤同步，投資人買進 0050 等同於投資整個台灣股市。

　　0056 是從台灣最大的 150 間企業中，挑選出「預期」現金殖利率最高的股票。

　　在美國的話，建議可以投資 S&P500，即是美國兩大證券交易所裡的 500 大公司的組合，指數的 ETF 叫做 SPY。 其實美國證券交易所，基本上就是全世界最大的 500 家公司，因為不論是中國或其他國家的企業，很多都會想要去美國上市，美國這邊也因此涵蓋了全世界最精華的公司——這是一個很適合新手跟懶人的首選標的。

　　以上推薦的三支標的，基本策略都是**一次持有整體市場上大部分表現優良的投資標的**，因而得到與整體市場一併成長的成果。

3.科技投資——AI 投資 💬

　　近幾年非常火紅的 AI，現在有非常多的產業都會利用其技術，提供不一樣的新服務給大家。在投資理財的領域也是如此，有越來越多銀行開發所謂的機器人，協助提供客製化投資理財的建議，針對每個人不一樣的背景，不一樣的收入，提供最適合的投資組合。

　　在投資股票的策略中，看數據跟財報是一個很重要的技能，除了本身就會看這些數據的人，還有一些像我這樣對數字很冷感的人，都可以利用現在 AI 的技術去輔佐自己的判斷。

　　人的大腦沒那麼厲害，時間跟專注力也都是有限的，沒辦法仔細研究每間公司跟國家。而這些數據除了要看歷史表現，可能也需要參考其他相關數據做綜合研判，所以能解決這樣的問題的科技，就成了首選。

　　AI 沒有腦力的限制，可以同時接收全世界不同產業所有市場的數據，然後提供冷靜的判斷與分析。

　　對積極的投資人來說，以上方法的投資報酬率大概不會令你滿足。不過如果本身條件不允許（包含專業知識的不足或是錯誤的期待與心態）採取了主動投資（透過個

人判斷，包含選擇標的以及選擇時機，期望創造比整體市場平均表現還要好的績效），那結果通常會比被動投資還要來的差。**想用小錢翻倍賺，畢竟沒有用大錢穩定獲利來得安穩。**

3—7

破除投資常見的心態面挑戰

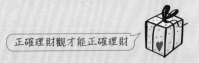

正確理財觀才能正確理財

我在 YouTube 上做過一個問卷調查，問大家想要聽我分享怎麼樣的內容，沒想到榮獲冠軍的主題是「投資理財正確心態的建立」。

我對於這個結果感到有點吃驚，同時卻也很開心，因為表示大家都不是想要當伸手牌，或是有快速致富的心態，而是想扎扎實實地建立正確心態、打穩基礎。

在本書的第一章，我已經跟你分享很多理財面的核心觀念，而投資的過程最難戰勝的是自己的心魔。我在整理出大家常見的心態面挑戰，希望可以一一破解它們！

1.怕風險，擔心虧錢怎麼辦？

如果這是你的心魔，我要先恭喜你，因為表示你看重風險大過投資報酬率。關於風險，其實每個人都害怕，我也是，但害怕風險、遲遲無法下決定的原因，是因為學習得不夠多。

當你學習到一個程度時，對自己的判斷力會越來越有自信，也可以透過知識去規避、降低潛在風險。以我操作房地產隔套的標的來說，這個投資的風險有：

1. 被檢舉報拆
2. 租不出去
3. 租客在房內出事讓房子變成凶宅
4. 火災

而我規避或是降低風險的方式如下：

1. 符合政府規範，做合法套房
2. 做好市場調查，了解區域租金行情
3. 盡量做好租客篩選並購買凶宅險

4. 室內不提供明火，並購買火災險

在充分了解投資標的的潛在風險後，你可以有一些措施去規避，讓投資可以更安心。這也是為什麼你不應該投資自己不懂的標的。在你不懂的狀況之下，有很多潛在的風險是你不看見的。

即使做好所有的功課跟準備，要下定決心時還是會感到恐懼，這時只能自己推自己一把，並告訴自己，萬一最後真的不幸失敗了，也賺到了經驗，你可以從這個失敗的經驗裡，讓下一次的投資變得更好。

我看過很多成功者的自傳或文章，他們提到「**失敗是最好的老師**」。你要不斷地學習，讓自己的知識夠多，能相信自己做的判斷，但是最後萬一不幸地失敗或虧錢了，也不要氣餒，把它當作是一個學習的經驗。

當然，投資的前提是即使錢都賠光了，也不影響你的生活為基準喔！

2. 投資後沒有看到立即成果，
很難堅持下去？ ♥

投資理財就像是馬拉松，需要時間去累積。**在投資理財裡，最大的關鍵就是複利，而複利最講究的就是耐心。**

如果你沒有耐心，凡事只求速成時，可能很快就放棄了。更慘的是，如果你今天希望可以趕快看到成果，可能會相信一些詐騙集團的話術，反而會讓你損失更多。

要如何堅持的小技巧，就在於如何讓投資變成被動式，例如設定自動扣款，定期定額投資。當你忘記它的存在，它也就在不知不覺中堅持下去了。

3. 害怕錯失良好投資機會？ ♥

一般來說，市場是 7 年一循環的，所以平均每 7 ～ 10 年就可能會有一個金融風暴。好機會也是，如果你今天還沒有做足完善的準備，或是知識還沒有累積足夠時，因為怕錯失了機會就貿然投入，也不見得是好的。

有時在這樣的狀況之下，即使它是好的機會也有可能賠錢，如同前文所說，**當你不懂標的時，就會忽略它潛在的風險，但這些風險，卻又正是能不能獲利的關鍵。**

不要擔心你會錯失好的機會，因為機會是會一直來的。我曾經看過一本書說：**「投資機會就像公車一樣，這班沒有上，還會有下一班。」**重點是你要先讓自己有準備好的能力，可以接受那樣的機會。

「機會是留給準備好的人」，在看到機會之前，要累積自己的判斷能力，在遇到對的機會時才能最有效率地抓住它。累積實力的同時，也可能會看見很多別人沒看到的機會喔！

4. 如何設定自己的停損點？

我自己沒有設定停損點。我的投資策略是以賺現金流為主，停損點對我來說比較像是帳面上的數字，這也是為什麼我不設停損點的原因，因為我更在意的是它每個月會帶給我的現金流。

以股票投資來說，也有一個策略是「價值投資」，這個策略的核心就是不看價格，要專注在價值上。

如果你從價值投資的觀點去看停損點，當你今天買進某檔股票，就要相信它的價值，它的價格會跌只是因為現在市場恐慌，或是市場對它沒有信心，它的價格才會跌。

對價值投資者來說，價格跌的時候反而是他們進場最好的時機。而他們認定的停損點，是當他們投資的企業，已經失去了他們最初投資時的「價值」。

5. 該如何調適別人開心玩樂，
　　自己卻在辛苦理財的不平衡心態

　　想想未來是換他們羨慕你，而且當他們羨慕你時，已經看不到你的車尾燈了。

　　當你非常清楚知道自己的目標，知道自己想要的是什麼，別人在做什麼都不太會影響到你，因為你知道你的目標在幾年後就會達到了。**如果真的會受到別人影響，那就讓自己遠離，然後持續專注在自己的目標上。**

6. 面對身邊人的不看好及打擊，
　　該怎麼辦呢？

　　我剛開始在投資的時候，爸媽也常常怕我受騙，我了解雖然他們都是出自於關心，不過的確會影響到我，打擊我的自信心。所以後來我就安靜地做，等到我做出成果的時候，而且是好的成果，我才會分享。這時因為你已經做出成果了，大家也不會潑你冷水，反而還會回過頭來請教你呢！

7. 投資後因為身上沒有錢，沒有安全感怎麼辦？

解決方法就是必須要存緊急預備金。

對錢沒有安全感，通常是因為你怕會發生需要用錢的意外，所以緊急預備金就是個很好的後援，請不要拿去做任何投資或消費，這樣你就不會失去安全感。

也千萬不要拿生活費去投資，一定要拿生活以外的錢去投資。投資有賺有賠，萬一今天賠了影響到生活，這樣就失去投資理財的真正意義了。

8. 覺得生活工作很辛苦，想犒賞自己又有罪惡感，該如何去調適呢？

最好的方式就是帳戶理財法，可以參考 P.75 ～ 87。每一個帳戶都有不同的功能，其中一個帳戶就是讓你吃喝玩樂用的。當你每一個帳戶都有自己的功能時，你就不會有罪惡感了。

Misconception

3-8

五個投資的錯誤觀念

1. 人云亦云

　　找投資工具就像跟找伴侶一樣，**很多時候你看別人的伴侶好像很好，可是不一定會是最適合你的。**

　　我的頻道有一個「理財達人會客室」系列影片，這些來賓使用的投資理財方式百百種，包含選擇權、權證，甚至是虛擬貨幣等，雖然大部分的人都會認為是一個槓桿比較高的投資工具，但是他們在操作這些工具時，都是非常瞭解的，知道要用什麼樣的方式才能避開風險。

　　但若你不懂，只是純粹聽到他們透過這樣的工具賺了多少錢，然後就跟著使用這樣的投資工具，最後的成效

可能就沒辦法跟他們一樣。

2. 操作不了解的投資工具 ⟨♥⟩

這個概念呼應第一條，任何產業都是，尤其是當你要把自己的錢丟下去時，不論是投資、創業等，只要是你不懂的東西，就千萬不要冒那麼大的風險。當你不明白你所投資的工具時，就很容易被一些數字或是表面的東西迷惑。

3. 投報不合理的不要碰 ⟨♥⟩

例如 Money Game、資金盤、龐氏騙局等。我曾經接過未上市股票邀請投資的電話，他們的商品都標榜有很高的投資報酬率，大家也會對高投報感興趣，然後就會不小心掉進陷阱裡。

大家都知道的股神巴菲特，你們知道他的年化報酬率平均是多少嗎？平均是 20%。當你遇到一個跟你說投

資報酬率每個月就 20%，或是說每個月就有 10% 以上的報酬率的人，你不覺得非常不合理嗎？

用正常邏輯去推斷，你有花比巴菲特還要多的時間在研究投資嗎？如果沒有的話，那你的投資績效憑什麼會比巴菲特還要好呢？而且如果那麼好賺的東西，為什麼會輪到你？這種高投報的工具，很大機率都是騙人的。

4. 想要快速致富

要有耐心，千萬不要想要一夜致富。跟身邊已經財富自由的朋友聊天時，我都會問他們大概花了多久才達到財富自由？每個人都花了 3 ～ 7 年不等，這是我覺得比較平均的數字。

當你現在開始意識到投資理財的重要，也不要想說現在開始投資，現在開始理財，現在開始學習，明年就會財富自由了。

複利可以驗證在很多層面，在投資時，曲線一開始會看不見明顯成長，但當你到達一個點時，它就會往上衝。很多人等不到它往上衝的那個突破點，主要原因就是

覺得前面這段時間太長了。你覺得花很多時間，可是看不到明顯的績效，然後就放棄了。

我現在經營 YouTube 頻道的概念也是如此，從零開始到一萬的訂閱數，是非常緩慢的，而且每新增一支影片，觀看的數量也並沒有很多。可是當你去看那些幾十萬訂閱的 YouTuber，頻道是指數型的成長，就驗證了當你突破一個點時，成長速度會很快的理論。

你要堅持的，就是撐過那個突破點。在這之前，可能需要一段很長的時間，可能是 3 年，可能是 5 年，這時候，耐心就是非常重要的事情。

5. 認為財富自由一定要靠投資 ♡

投資是很多人讓自己財富自由的工具，可是也有很多方式跟大家想像的有所出入。

這裡講的投資工具可能是股票、房地產等，比如有人專門做「二房東」，他並不透過自己擁有房地產達到財富自由，而是去跟擁有房地產的大房東談合作。

另外一個例子就是「聯盟行銷」，很多人透過聯盟行

銷達到財富自由，可是這些人不一定懂投資理財，也不一定有所謂的有形資產（房地產或是股票），他們也財富自由了。這是為什麼呢？原因就在於他們在網路創造資產，幫自己建構了一個被動收入的系統。

財富自由不一定要靠所謂的股票、房地產這類大家都知道的投資工具，關鍵在於你是否建構被動收入的系統。

很多人對於投資理財沒有什麼興趣瞭解也沒關係，因為能幫助你達到財富自由的方式有很多種，不一定要透過投資。這也是為什麼我在下一章要好好跟你聊聊被動收入的主題，**因為唯有被動收入才能幫助你財富自由。**

 理財達人會客室

第四章
被動收入讓你財富自由

4-1
財富自由的兩個重要觀念

　　在我開始接觸投資理財之後，我從一個非常討厭看書的人，變成一個到處推廣閱讀的人。**書本是非常有價值的投資，花個兩三百元，就可以學習到一個人的知識精華。**

　　我踏入財商領域的第一本書，就是全球知名暢銷書，羅伯特‧清崎的《富爸爸，窮爸爸》。

　　這本書熱賣後還出了一系列叢書，我也拍了一系列「富爸爸教你學投資」的影片，在每一集中都跟大家說書其中一本。說《富爸爸，窮爸爸》是影響我最深的一本書，也一點都不為過。

　　在這系列的書中，我學到最重要的兩個觀念就是：財

富自由四象限以及現金流。

財富自由四象限 💬

財富自由四象限，也就是決定財富的四種人，他用 ESBI 四個象限去表達這個概念，分別代表什麼呢？

E 就是代表 Employee，就是我們所謂的員工。這象限的人是為別人工作而賺取薪水，通常是追求安全穩定，並且比較害怕風險的一群人。

S 代表的是 Self－employed，自營公司。這群人擁有某一項專長，以為自己工作賺錢。但是他做一天得到一天的收入，沒做就沒有收入，例如自己開業的醫生、律師、SOHO 族或是小吃攤等。

B 代表的是 Business owner，企業老闆。這象限的人能夠透過自行運轉的企業或是獲利系統，不需要自己每天工作，便一樣有持續的收入，收入的來源就是企業的收益。

最後一種是 I，也就是 Investor，所謂的投資者。這群人是讓錢為他們工作，收入的來源通常是各種投資的收

益，以及用錢來產生更多的錢。

　　在這邊要特別跟大家解釋的是 S 跟 B，看起來都很像老闆對不對？但他們的差別是，S 比較是自己在為自己工作，也就是自己如果沒有工作的話，就沒有錢會進來，而 B 則是透過系統來幫自己賺錢。

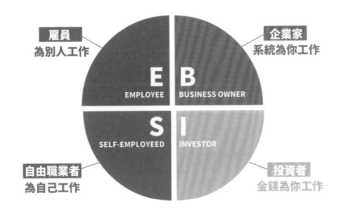

　　舉例來說，如果你今天是一位醫生，當你成為醫院的院長，聘請很多醫生來幫你賺錢，那你就是 B。如果是律師的話，你今天是律師事務所的老闆，有很多小律師在幫你工作，那你這樣也是 B。如果是以小攤販的例子來說，若你把他變成一個加盟的體系，那你也就是一個 B。

　　在真實的世界裡面，E 跟 S 的人占了 90% 的人，可

是他們的收入大概只占全世界收入的來源僅 10% 而已。B
跟 I 象限的人只占整個人口裡面的 10%，可是他們卻擁有
90% 的財富。

在這當中，B 又算是擁有財富最大宗的人。如果你看
《富比士雜誌》就會知道，前百大的有錢人大部分都是靠
自己創業成功，而不是靠投資成功。

你仔細想想，如果今天問你誰是靠投資成功的人
呢？你可能只能想到巴菲特。

如果今天又問你誰是靠創業成功的人呢？你可能可
以列出超多人，例如馬雲、比爾蓋茲、馬克祖柏、郭台銘
等。我們雖然都知道創業成功就會賺很多錢，但是同樣
地，它的風險、門檻也是非常高，而投資的風險跟門檻就
相對低一點。

舉例來說，如果現在叫你去創業，你可能沒錢、沒
時間或是沒勇氣創業；可是現在叫你開始學習投資，甚至
開始執行投資，你是做得到的。如果一般人要靠投資來幫
自己加薪，都是有可能的。

那你現在應該要怎麼做呢？一般來說，我們就是照著
ESBI 四個象限去循序漸進，循序前進，我覺得是風險最
小，並且是比較容易成功的方式。

第四章　被動收入讓你財富自由

舉例來說，如果你現在是個工程師，那你現在幫別人工作，在別人的公司上班，你現在就是好好地上班，然後培養自己可以獨立工作的能力，未來你不需要這間公司，也可以為自己賺錢。

　　例如你今天是個工程師，你會寫 Code，你會 deBug 的能力等，你就要強化這些能力，然後向外接案等。等到你到 S 象限時，非常地努力接案子，案子到達一定規模後，你就可以聘請員工，慢慢朝向 B 象限去前進。

　　至於 I，我覺得從現在開始，你就可以培養 I 的能力。比如下班時去大量學習投資理財的資訊，這樣的方法，也是風險相對比較低的方式。

現金流 🗨

　　第二個我在《富爸爸》系列中學到的重要觀念。

　　你如何判斷資產還是負債呢？最簡單的方式，就是**判斷它是帶給你正向現金流，還是你必須從口袋掏出錢來呢？**

　　這裡舉個最經典的例子，很多人都覺得房子是資

產，不過在《富爸爸》的定義中，如果你今天買一間房子，每個月要為這間房子繳交三萬元的貸款，也就是你必須從自己的口袋拿出三萬元，那這間房子對你來說，就是負債。

但如果你把這間房子出租，扣掉房貸，每個月還可以從這間房子獲得一萬元的租金收入，那這間房子對你而言，就是資產。

要達到財富自由，唯一公式就是你必須不斷建構會幫你產生正向現金流的資產。當這些資產可以幫你產生源源不絕的被動收入，你也就達到財富自由了。

「富爸爸」教你
學投資

4-2

三大錯誤讓你離財務自由越來越遠

1.花錢的順序錯了

這是什麼意思呢？就是你把賺的錢都先拿去享樂，沒有存下來，沒有做到所謂延遲享樂的概念。

賺錢並不是不能去享樂，但你**應該要把它們做有效的分配，部分拿去投資，幫自己產生被動收入，再拿被動收入去享樂，這才是花錢正確的順序。**

可是很多人都等不及，一有賺錢、存錢就想趕快花掉，拿去買名牌、旅遊，滿足自己的欲望。如果你花錢的順序沒有調整，你就會離財富自由越來越遠。

2. 聽所有的人的意見

你可能會在生活周遭聽到什麼樣的方式好賺錢，什麼樣的方式投資可以創造高投報等，但我想跟你說，**別人成功的經驗，不代表就會是你成功的墊腳石。**

很多成功人士的經驗當然可以參考，可是你必須要有自己獨立思考的能力。而要**培養自己獨立思考的能力，方式就是大量的學習。**

當你腦中知識不足時，你沒辦法判斷別人說的資訊是否正確的，也沒辦法判斷資訊是不是適合你。如果你今天聽取所有人的意見，你可能這邊也想試試，那邊也想試試，最後你將走不出自己的路，也會讓你離財富自由越來越遠。

3. 想太多、做太少 🗨

其實很多人都很喜歡學習，吸收網路上的資訊，書本上的資訊，甚至去花錢報課程。可是有很多人犯的錯誤是他的腦子越來越大，然後四肢越來越細。這是什麼意思呢？就是**吸收非常多的知識在腦中，可是都沒有去執行。**

「知識就是力量」只發生在你有把知識付諸於行動的時候。很多人可能怕失敗，就不敢踏出那一步，可是你想要的東西、生活，其實永遠在你的舒適圈以外，你踏不出這一步，自然也就無法脫離現在的生活。

這裡還想跟大家提另一個概念，就是**「完美」是行動最大的殺手。**很多人追求完美，覺得現在還沒有準備好，但如果你一直追求百分之百的正確，那不也就是「明日復明日，明日何其多」，永遠沒有開始的時候嗎？所以你要提醒自己，不要等自己完全百分之百的準備好了再去行動。

就像很多新手爸媽，都是生了小孩才開始學習當父母。先做下去了，然後再慢慢地去修正，慢慢地讓自己越來越好。

Passive income

4－3

為什麼你需要被動收入？

　　從這裡開始，我要跟你分享有關被動收入的主題。

　　除了知道投資理財的重要之外，其實有非常多的方式，是不需要透過我們所謂的金融商品才能創造的被動收入。

　　被動收入真的非常重要，它可以幫助你財富自由，它可以幫助你去做自己想要做的事，過上自己想要過的生活。每個人都需要被動收入，特別是這三種人：

1. 不開心的上班族

其實有非常多人，正在做著自己沒有那麼喜歡的工作，覺得這反正就是一份可以讓我領薪水生活的工作，所以對這份工作既沒有特別的喜好，也沒有特別討厭，就這樣一天接著一天地做下去。

在這群人中，有一種是內心非常不開心，可是他必須做下去，為什麼呢？因為他需要生活，需要這份薪水支撐他的家庭、生活等，對於要改變目前現況，他們會感到恐懼。

如果你也是這樣的人，那你真的必須要開始打造你的被動收入，幫助自己脫離這樣的狀態，進而找到自己真正有熱情的工作，過自己理想的生活。

2. 迷惘的人

我常常收到私訊，說不知道自己適合什麼樣的工作，或是不知道自己到底喜歡什麼？

這些連自己喜歡什麼、對什麼有熱情，都不太瞭解的人，為什麼特別需要被動收入呢？因為**當你要尋找自己的熱情，找到自己喜歡的事情，是需要大量嘗試的，也需要花很多時間去探索自己。**

四年前的我，對自己的未來也是一片迷惘，也因為這樣，我拍攝了「如何快樂創造主動收入」系列，跟大家分享我如何找到自己熱情的方法。

當然，你看完這些影片後，不代表你一定立刻找得到，但也許可以提供你一些方向去尋找。**我在尋找的過程中也發現，當你對什麼有熱情，真的要嘗試了才會知道。**

以投資工具為例，我曾經花了很多錢，上了某些投資工具的課，但是上完才發現不是自己想要的。但這時，我會反過來思考，**我並不是「白花錢」，而是買到了一堂「知道這不是我想要走的路」的經驗。**

當你嘗試了很多之後，最後會縮減目標到最後一、二項，這時，你就可以心無旁騖地走在自己想要的路上。

而且**因為你已經嘗試過了，所以對旁人的意見可以完全不受影響，更堅定自己所選擇的路。**

這時一定有人會說，就是因為被工作綁住了生活，生活上也有很多瑣事會占用掉時間，導致自己沒有多餘的時間去嘗試想做的事情啊！但是，如果這時你有被動收入，那問題就迎刃而解了。你不用再為自己生活開銷煩惱，也就會有多餘的時間跟餘力，可以去找自己真正的熱情以及興趣。

3. 對事業充滿理想抱負的人 ♡

這種人比第一種跟第二種都還要幸運，他已經找到自己的熱情，找到自己的興趣，並且也投入得很開心。

這種人為什麼也會需要被動收入呢？因為他已經很喜歡這份事業，很喜歡他現在做的事情，那他一定會希望擁有更多資源，更多錢投入在這份事業裡。

以創業家為例，在創業的初期一定會有比較拮据的時候，而你還是需要錢過生活。

有時候熱情或興趣不代表賺大錢，若這時候你有被

動收入，對於發展事業，就可以更專注在發展企業的核心，以及品牌的價值，也不會一直專注在眼前的近利，不會因為覺得有利可圖，就一定要去賺。

很多創業家遇到的狀況是：他需要這筆錢去支撐他的公司，去支撐他的生活。可是如果你今天有被動收入的話，你可以更專注地思考，這個機會是否符合品牌想要傳達的核心價值？如果有的話再去做。

當你持續堅持只做對的事，而不單單只是賺錢，你的事業也會複利成長的。這時，賺錢也是隨之而來的利益。只是在這之前，你要走過這段過程，必須要有被動收入來支撐你，才不會把自己搞得很辛苦。在不擔心生活，沒有後顧之憂的狀況下，你才能把事業做得更好。

 如何快樂創造主動收入

4-4
被動收入的五個迷思

躺著也能賺？

很多人都想要被動收入，可是聽到「被動收入」四個字，就覺得是不是「不動就有收入」？關於被動收入，很多人有一些誤解，我在此來跟大家好好澄清：

1. 被動收入等於不動收入？

被動收入常被大家認為是不動收入，覺得睡覺的時候就可以賺錢了。其實被動收入的確是在你睡覺的時候就可以賺錢，但並不代表你不用花心思去維繫、照顧它。

被動收入在前期，要投入非常多的時間跟心力去打

造，辛苦程度絕對不會少於主動收入。但在你打造完成後，它就可以陸續產生現金流給你，你也可以少花些時間跟精力去照顧它。

舉例來說，如果你今天想當個房東，一開始需要花非常多的時間找房子、處理裝潢等，完成後還要順利出租。房客住宿的過程中也會遇到一些問題，比如漏水、馬桶不通，或是鄰居太吵等，都會希望你去幫他處理。

這個就是你在擁有被動收入後，還是必須花時間去維持的部分。不過我自己目前是外包給代租代管公司，這樣雖然需要犧牲一些租金，但就可以做到更被動。

被動收入並不代表你什麼事都不用做，也不是懶人的福利。**真正的懶人是打造不了被動收入的，因為一開始你要花的時間跟精力，是比主動收入還要多上好幾倍的。**

2. 被動收入幫你逃離工作？

第二個被動收入的迷思，就是被動收入能幫你逃離工作。大家可能想說被動收入就是要幫助我離職，但是其實投資理財、被動收入，最主要的目的不是要幫助你逃離

工作，當然如果你現在工作是你不開心、不喜歡，那被動收入、投資理財可以幫助你離開那樣的狀態。但是它最主要的意義，是要幫助你有更多的選擇權。

在本書的一開始有跟大家分享漁夫跟商人的故事，這故事很清楚地說明了這個道理。當你有被動收入時，你增加的是你自己的選擇權。**你今天可以選擇你要不要工作，而不是為了要生活下去，為了要領這份薪水才去工作。**你看得出這兩邊不同的差異嗎？

3.財富自由後的生活很無聊？

財富自由的人因為已經沒有經濟上的壓力，所以他們可以全心投入在真的想要做、真正有熱情的地方。也正因為那是真正喜歡的事情，反而最後會帶來更多的財富。

呼應到第二個迷思，**財富自由並不是幫助你逃離工作，而是改變你工作的意義，**所以今天當你有被動收入，當你財富自由後，你做的工作就並不只是為了生活而已，而是會賦予它更有意義的目的。

4. 一定要投資才能財富自由？

被動收入一定要靠我們所知道的金融商品，一定要靠投資才能達到，比如買股票、當股東，買房子，當房東，這樣才算是被動收入？

現在網路世界非常發達，除了以上我們傳統認知的被動收入外，現在還有非常多被動收入的來源，比如部落格、YouTube 頻道，這些都可以幫你創造被動收入。

除了廣告這個被動收入的來源外，很多人也使用了稱做「聯盟行銷」的方法。

當你寫了一篇好文章，拍了一支好影片，把你想推廣的產品連結放在文章裡，或是放在影片資訊處，如果有人透過你這個連結購買，廠商就會分潤給你。

這些都是來自網路上的被動收入，也特別適合小資族。先前提到的股東、房東都必須投入一定的資金，可是在網路上，你需要投入的成本是相對小非常多的，只是你必須要花時間去打造，必須有耐心地經營。這樣一來，不需有龐大資金也能開始打造你的被動收入。

5. 被動收入就一勞永逸了？

很多被動收入雖然在一開始花非常多時間、精力去打造，就可以成為非常穩定的收入來源，可是這不代表就可以一直擁有這份收入。

舉例來說，如果我出租了一間房子，每個月提供穩定的租金收入給我，可是我無法保證在二十年後還有一樣的租金收入。也許未來在這個地區有更多房東，當市場供過於求時，租金行情就會下降，甚至找不到租客。

又例如網路上的被動收入，現在還有人在看我的影片，可是我無法保證十年、二十年後，還有人想看我的影片。當沒有人看的時候，廣告收入、聯盟行銷收入也會跟著消失，所以**打造被動收入，需要持續不斷地使自己多元化來維持，並且同時間內，你要打造出更多的被動收入來源，才是最明智的做法。**

4－5

打造被動收入的三個策略

　　看到這裡，相信很多人開始知道被動收入的重要了。那麼，到底要怎麼開始打造自己的被動收入呢？

PART1 先專再廣

先找到一個最感興趣的，並且開始執行。

每一個被動收入，都需要花非常多的時間跟精力去打造，所以如果你已經知道有非常多被動收入的來源，知道很多方法了，趕快挑一個真的非常感興趣的去執行它。

舉例來說，如果你喜歡寫文章，那可以立即開始寫部落格，先註冊帳號就可以開始寫了。這時候，你必須每天寫、每週寫，告訴自己**有紀律地產出內容，**相信半年後、一年後一定看得到成果。

或是如果你對股票很有興趣，那你就趕快去看書，趕快去上課，然後趕快去學習怎麼投資股票，怎麼選到適合自己的股票，怎麼挑選高殖利率股票，隨著時間你可以建構越來越多種被動收入來源。

<u>PART2</u> 不同人生階段，
打造不同被動收入 ☺

　　如果你還是學生，或是剛出社會，沒有什麼資金或
是資源可以投資，**網路上零成本的被動收入就很適合你。**
包含寫部落格、經營 YouTube 頻道，或是如果你有特殊
專長，也可以製作線上課程，而這些都不太需要巨額的資
金成本。

　　當你從這些管道賺錢時，同時也存下一些錢，就可
以開始學習比較初級的投資，比如買 ETF、股票等；等到
錢越滾越大、越存越多時，就可以考慮比較高資本的買房
投資，包含跟別人合買或是募資的方式等。

　　我之前還聽過一個例子，是因為對方搬到一個新社
區後，意外發現這個社區有自動洗衣的需求，這時考慮開
設自助洗衣店也是個不錯的被動收入來源。

　　　　　　　　　　　　第四章　被動收入讓你財富自由

PART3 打造多元被動收入

在前面的五個迷思中有提到，很多人會希望打造一個可以幫你帶來永續的收入來源，所以必須思考怎麼讓這個收入永不間斷。

方法主要有兩個方向：**一是同種類的大量複製，另一種是創造多種被動收入項目。**

同種類大量複製舉例來說，若你特別喜歡透過網站來賺取被動收入，那麼你可以同時擁有很多不同主題的網站。每個網站能吸引到的族群都不一樣，能為你創造的收入也就更多元；如果你喜歡透過房地產收租賺錢，你可以在不同城市都購入房產收租。

而創造多個被動收入種類，以我自己為例，我擁有YouTube廣告及聯盟行銷收入來源，也有線上課程，以及房地產的租金被動收入來源，最近也正在架設網站，了解自動機台以及不同國家房地產操作模式等，希望可以透過各種不同的工具，幫我創造更多元的被動收入來源。

4－6

零成本就能打造的六種被動收入

用小錢滾出大錢

　　以下這些被動收入來源，相對來說比較不需要資金成本，但當你不需要資金成本的狀態下，通常要付出的就是時間成本。

　　對於剛出社會的新鮮人、大學生等資金不足的人來說，付出時間成本是相對比較容易的。

1. 部落格／YouTube 頻道

　　這兩個管道在前面的文章都有提到，最常用的方式就是廣告還有聯盟行銷。

有很多廠商為了要推廣他們的商品或服務，會跟一些自媒體（有能力聚集流量的人）合作，比如說部落客或是 YouTuber，這就是所謂的聯盟行銷。

　　如果你放了自己聯盟行銷的連結，有人透過這個連結消費，或是完成廠商想要完成的目的，這個自媒體就可以獲得一些分潤。（大家很熟悉的業配，我不會把它歸類在被動收入，因為業配就是做一次領一次的酬勞，並不會產生後續的收入，所以不算是被動收入。）

　　現在台灣很多平台都有提供聯盟行銷，包含博客來、MOMO，台灣最大的兩個聯盟行銷網站，就是「Affiliates. 聯盟網」跟「iChannels 通路王」，國外最大的就是「Amazon 亞馬遜」。假設你今天對某個產品有興趣，也可以自行跟廠商洽談聯盟行銷的合作方式。

2. 販售電子書

現在電子書越來越夯了，也更普及化。台灣電子書的平台，包含「Readmoo 讀墨」「Pubu 電子書城」，作者不需要透過出版社，就可以上架你的著作。

平台抽成方式約在 30 ～ 50% 不等，給了很多想出書、卻沒有出版社資源的人機會。

電子書少了印刷的成本，也不會有庫存的壓力，成本也不會造成負擔，著作放在網路上銷售，只要有人購買，就會產生被動收入。

如果你想擴展市場範圍到全世界，Amazon 亞馬遜除了提供電子書服務，也有 Print on Demand 的服務，也就是「根據銷售決定印刷」，是一個人也可以當作家的時代囉！

3. 線上課程

現在市面上有非常多線上課程平台，可以幫助你販售線上課程，台灣大家比較熟悉的就是「Hahow 好學校」「YOTTA」、國外的平台例如「Udemy」，而我自己是用「Teachable」。

Teachable 不像其它平台自帶流量，或是可以幫你下廣告推廣，而是單純透過它的網站、系統去架設個人的教學平台。它的好處是不會因成果去做分潤，而其他這些平台，則有 20 ～ 40% 不等的分潤抽成。Teachable 雖然不會幫你推廣，也不會幫你曝光，不過如果你是自帶流量的人，就滿適合使用 Teachable。因為在不會抽成的狀態下，自己的獲利會相對較佳。

4. 付費訂閱制 ♡

　　這個非常適合有專業知識的人。在台灣，大家比較熟悉的平台應該就是「Pressplay」了。要做付費訂閱制的關鍵，就是你必須長期不斷地提供知識、內容，你提供的主題也必須定期地產出內容。

　　如果你今天沒有足夠的內容來源，或是主題沒辦法定期地產生內容，創作者本身就會比較辛苦，也可能會常常面臨開天窗的風險。

　　舉例來說，如果你是做網路新知的，時事評論、說書、影評都很適合做訂閱制，因為這些內容會一直推陳出新，你可以獲得源源不絕的內容來源。

5. 專業技能產品化

如果你很會拍照、調色、製作 Powerpoint、剪片特效，都可以做成一包一包的模板，例如：Powerpoint 的模板、影片特效包、濾鏡包；如果你很會畫插畫，也可以做LINE 的貼圖。

這些就是運用你的專業去延伸商品。當你擁有這些專業，就可以透過這樣商品化的方式幫別人省下時間。我自己在剪片時，也常買模板特效包，這樣剪片既省時又省力。

如果你有任何專長或是技能，都可以試著思考要怎麼把它們商品化。當你擁有產品後就可以放在網路上販售，增加你的被動收入來源！

6. 共享經濟

比如 Uber、Airbnb 等。但如果你是自己開車，賺取 Uber 收入，那就變成主動收入了。如果你希望可以透過 Uber 賺取被動收入，比較可行的做法是將你的車子在閒置時出租給司機，這樣才叫做被動收入。

如果有空閒的房間，可以用 Airbnb 出租給別人，你就變成房東，領取租金的被動收入。當然這過程中，你會需要管理、打掃等，如果你沒有那麼多時間，或是想要做到完全被動，這些都可以外包出去。

另外也有平台可以讓大家出租自己比較少用的，而單價卻比較高的東西。像是知名品牌行李箱，或是有些喜歡露營的人會需要帳篷等。這些出國、露營等特殊場合才會用到的物品，就可以拿來出租。

還有小孩的玩具也可以，小孩對玩具都容易喜新厭舊，如果你家裡有閒置的玩具，也可以放上平台出租給其他家長，替自己賺取被動收入。

4－7
以成本區分被動收入的三個種類

關於被動收入，以下我會從根據成本資金的大小來做分享：

PART1 零成本／低成本被動收入（一萬元內）

如果你想要零成本打造被動收入，**主要的資源就是你個人的專業領域**，包含了做電子書、實體書，或是線上課程。除此之外，也可以寫部落格、拍 YouTube 影片，或是付費的訂閱制等。

這些被動收入的項目都必須建構在一個知識體系上，也就是你必須有一個有架構的知識，在某一專業有獨到的見解，或是可以幫助他人解決問題。

　　在這個種類的被動收入中，**知識就是你最大的資產**。現在「知識經濟」非常地蓬勃發展，你必須思考要怎麼讓無形的知識變成有形產品？

　　把腦中的知識，變成一個實際的產品，販售給你的TA、顧客，這樣就可以成為你被動收入的來源之一。

PART2 小成本被動收入
（一萬～十萬元）

　　這個項目，我會定義成「金融類」的商品，包含了股票、基金、債券、ETF、REITs 等。

　　ETF 就是一籃子的股票，你可以買一整個產業。比如說你今天很看好金融系列的產業，但不知道哪一個銀行、哪間公司表現比較優秀？這時候就可以買一整個金融業的 ETF，也有分散風險的優點。

　　REITs 指的是不動產投資信託，主要的概念，就是跟一大群人一起當房東，跟著企業收租金，另外還有高股息的股票領股息。

　　此外還有保險跟定存。像我媽媽在 20 年前配置了儲蓄險，現在每個月固定有好幾萬元的被動收入來自於保險公司。

　　除了以上這些金融商品類的投資工具，當然還有很多延伸性的金融商品，主要獲利模式就是兩種：一種就是賺價差，一種就是賺股息。不論是賺價差或是賺股息，它都算是被動式的，因為你沒有真的在做什麼，光是放在那邊，它就會幫你被動地賺錢（當然也有可能虧錢）。

PART3 大資金被動收入（十萬元以上） 🗨️

大資金的被動收入需要十萬以上，我自己分為創業類及房地產兩種。

✦ 創業類：電商、加盟、自動機台

創業類有非常多方式，一是電商。如果你是自己經營電商做買賣，初期很難做到被動收入，不過如果你同時思考如何建構一個系統，讓你自己不在這個流程裡也可以賺錢，那就會是一個不錯的被動收入來源。

另外電商也可以使用轉單，就不用花心思在處理物流。很多人在使用亞馬遜的電商，就是用這樣的方式。雖然他們在亞馬遜上賣東西，可是沒有實際經手物流的管理，是更省時省力的方式。

第二是創品牌後的加盟。例如現在很流行的手搖飲料店、各種飲食店等，店紅了以後就可以開始賺加盟金。

第三是自動機台系列，包含了夾娃娃機、果汁機、自動洗衣機等。買這些機器需要一筆資金，動輒可能就要十幾二十萬，以自動洗衣機來說，一間店裡一定會放置十

至五十台不等的機器，所以這個系列會花去一定的成本。

✦ 房地產系列

不論是共享空間、二房東、隔套出租，都需要很大的資金成本。以二房東來說，通常需要花個二、三十萬輕裝修；隔套出租就更多了，動輒就是一、兩百萬。另外像是 airbnb、共享空間等，都需要有一定資金去優化物件，才有辦法順利出租。

大家可以視個人的資金情況，去選擇適合的被動收入來源。

4-8

我如何從零打造五種被動收入？

　　從我開始接觸投資理財後，花了非常多心力跟時間，建構出自己被動收入的系統跟項目。

　　在此，我想跟你分享我的心路歷程，像是在什麼樣的機緣下擁有這樣的被動收入？我是怎麼得知這種的被動收入的？我是怎麼建構被動收入？希望可以給你一些啟發跟想法，讓你為自己建構被動收入系統時，能更有概念跟方向。

　　我有蠻多的被動收入是因為去上了課，學會了某項技能才建構出來的。我也會依照發生的時間點來跟大家分享。

　　在我開始接觸投資理財後，我開始看很多書，也

去很多財商單位上課。當時讀了一本書叫做《順流致富GPS》的書，它的宗旨是每個人都可以用最適合自己的方式賺錢，如果你現在覺得賺錢很辛苦，那就代表你用的方法並不適合你。

它把人分成八種特質，也提供每種特質的成功案例。當時屬於我特質的成功人士就是歐普拉，也因為這樣我買了歐普拉的自傳來看，後來便有了開設自己頻道的念頭。

PART1 聯盟行銷

在我的 YouTube 頻道剛起步時，我並沒有開廣告收入，一方面是那時的流量不高，加上我不是為了賺廣告費，而是希望可以透過頻道跟大家分享理念跟想法。不過這裡還是有建構一個聯盟行銷的被動收入，包含博客來及信用卡等，我都有分到少少的傭金。

PART2 海外投資

我後來常到在各大財商單位學習，因而接觸到一個投資機會，就是集資購買關島的社區，也因為這樣才有了關島的被動收入。在關島的租金投資報酬率很不錯，大約有 8 ～ 10%。

PART3 銷售課程

在網路行銷相關課程的學習過程中，我學會了將知識變現也是一種被動收入，於是試著在 YouTube 頻道銷售自己的課程。

一開始我很沒有信心，也很怕不被市場接受，所以將價錢訂得非常低，想測試市場；到後來，我確定市場有這個需求以後，就慢慢調整價格，也在今年把課程內容編排及教學系統都做了很大的升級與調整。

在這個過程中，我還是持續努力經營頻道，訂閱數持續成長的同時，也陸陸續續有學生購買線上課程。很多人會問：這也算被動收入嗎？你還是要服務學生呀？

但你還記得嗎？我在被動收入的五個迷思中，提過被動收入不是不動收入，即使房東也需要服務他們的房客。我也可以選擇請助理協助課後服務，做到更被動，不過我還是堅持自己做，原因是站在第一線可以更了解學生的問題跟需求，進而把課程優化得更好。

PART4 隔套房東

幾年前我開始接觸到隔套包租公的房地產課程，積極上完線上課程後，我大概有半年的時間，每個假日都非常勤奮地看房子。在這過程中，當然也曾經覺得很挫折、沮喪，我大概看了 100 間房子，才終於買到了理想物件，當時心情很激動，有種夢想成真的感覺。

後來經歷貸款流程、施工、申請合法隔套以及佈置招租等。回想這段過程，我才覺得天哪！我花了一年的時間去做這一個物件，但是內心的滿足感與成就感是非常難以言喻的。

<u>*PART5*</u> YouTube 頻道廣告

隨著我的 YouTube 頻道的成長、流量的變多，頻道也開啟了廣告收入，於是我有了第五筆被動收入。我 YouTube 頻道上的影片就是我的網路資產，即便我在沒有工作的狀態下，這些影片還是會幫我持續產生收入。

這些就是我目前擁有的被動收入，正在寫這本書的同時，我還是持續不斷地思考更多被動收入的可能性。

很多人都很喜歡學習，非常地上進，可是也有很多人都得了學習癌，一直花時間跟金錢去學習，卻不喜歡練習，也沒有把所學付諸行動，那當然也就不會產生結果。

當你花錢去學習一項技能時，你一定也必須要花大量的時間、行動去把你付出的學費賺回來。我每學一項投資工具，就要能幫我再創造一個新的被動收入，這才是我學習的主要目的，千萬要記得，不要「只學不做」！

4-9

上班族四步驟邁向財富自由

　　上班族要如何邁向財富自由呢？在這裡，我要分享給你簡單的四個步驟，幫你慢慢地達到財富自由。切記上一節的大忌：不要「只學不做」喔！

STEP1 調整生活習慣與生活方式 ♥

有了覺悟後就要開始做出改變。**如果你一直在做一樣的事情，卻期待有不一樣的成果，那是不可能的。**尤其是上班族，很容易陷入每天上下班、回家休息、照顧小孩、週末享受小確幸的循環，這時候更要下定決心，調整自己的生活方式。

舉例來說，即使每天還是要上班，下班回家後可以安排每天晚上的 11 ～ 12 點為學習時間，也可以每天早起一個小時，用來看看書，或是上線上的課程。此外，通勤時間也可以利用 YouTube 頻道、音頻課程等，讓你的通勤時間也能有效利用。

下班回到家，可能還需要做家事、洗衣服、摺衣服，在做這些家事時，也可以同步播放線上課程，每天一點一滴地累積，慢慢開始改變自己的人生。

STEP2 管理好你的錢 ♥

這裡再強調一下，管理好你的錢有三個重點。第一

是開始記帳，但並不是叫你要永遠地記下去，主要是讓你知道自己都把錢花去哪裡了。當你有意識地知道自己的錢都花在哪些地方時，你的消費行為就可以被調整。

第二是存緊急預備金。我們人生中，總有會需要緊急用錢的時刻，緊急預備金就是為了不時之需準備。

接下來才是開始存投資的錢，由於上班族平常都很忙，所以我推薦把薪轉帳戶設定自動轉帳。比如說你每個月想要存一萬塊，那就自動轉帳到另一家自己的銀行帳戶，這樣一來就絕對不會沒有存到錢，也絕對不會忘記去存錢。

STEP3 找到最省力的投資方式

我知道有非常多上班族，平常上班就已經壓力很大、很累了，下班時間沒有動力去學習投資理財。如果你對投資理財沒那麼有興趣，或是沒有那麼多時間跟精力去研究，建議你可以使用懶人投資方式。在本書的 P.143 詳細介紹了三種懶人投資法。

STEP4 開創多元收入來源 💬

在第一步驟時提到，必須每天都固定地要求自己，一定要挪出一段時間投資學習。不過如果你今天選擇的是懶人投資，或是不想要投入太多時間，你也可以改為創造副業，甚至是創業的方向前進，也就是我們所說的不離職創業。

現在網路非常發達，不離職創業的方式有很多。想做電商，就在這段時間去架設自己的平台或是網站；想要做 YouTuber，那就開始定期拍影片；想要當部落客，就開始每天寫文章。

我們做副業的目標，是希望未來不用再花那麼多時間工作，可以產生所謂的被動收入，這樣才有辦法財富自由。所以當你在做下班後的副業時，**也必須一直思考要如何越做越輕鬆，要怎麼建構一個系統，一個幫你賺錢的系統，而不是一定要花時間投入，才有辦法賺錢的方式。**

舉例來說，剛剛提到的架設電商網站，也可以跟廠商談，請他們直接負責物流部分，也就是從你的網站下訂單後，可以直接串聯到廠商出貨；寫部落格、拍 YouTube 影片，都必須思考要怎麼透過每一支影片幫你賺錢，而不

是有接到商案時才有收入。

　　當你每產生一支影片，它都有可能助於你銷售的業務。當你越產越多，你的文章越寫越多，你的影片越拍越多時，這裡也會有複利效應，最後才能幫助你達到不花時間也能賺錢的目的。

　　　　　　　　　　　　　　第四章　被動收入讓你財富自由

4－10

財富自由四階段

　　很多人開始接觸投資理財後，雖然有著財富自由的目標，可是卻沒有方向，不知道要怎麼一步一步地去達到。所以在此，我要最後跟大家分享四個階段，可以幫助你更有系統、更有方向地達到財富自由。

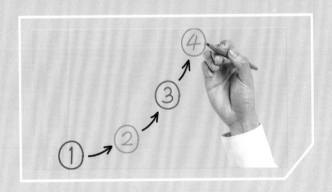

　　　　　　　　　　　　　　第四章　被動收入讓你財富自由

STAGE1 財務安全

財務安全的階段目標，就是你的儲蓄必須大於你六個月的支出。很多人在這個階段就急著投資，可是其實此時，理財比投資來得更重要。如果真的要投資，我希望你先要投資自己。

我很常收到來信，說他現在有一筆錢，要開始做什麼的投資會比較好呢？通常我都會問兩個問題，第一個問題是：你有存下 3 ～ 6 個月的緊急預備金了嗎？第二個問題是：你投資自己學習了嗎？如果以上兩件事情你都還沒有做的話，那投資還不是時候，這時急著投資，反而會加速虧損。

在這個階段，最重要的就是要理財，投資的部分先暫緩。等到存到了 6 個月緊急預備金時，再來考慮投資。

$\overline{STAGE2}$ 財務穩定 ♡

這個階段的目標，是你的被動收入要大於基本需求。

這裡的基本需求指的是你食衣住行的開銷，也就是說你每個月一定要花，不然無法生活的基本開銷。大家都把被動收入想成好像一定要花錢才能建構，但是它有兩個方式可以創造：第一就是花時間。

很多網路上的方式都可以創造被動收入，像我自己有一半的被動收入都是來自於網路上的，在前面也都跟大家詳細介紹過囉。第二就是大家比較能理解的，用金錢去創造被動收入，包含股票跟房地產等投資工具。

剛剛提到用時間創造的被動收入，跟用金錢去創造的被動收入。

在第二階段，我建議必須花大部分時間，去創造**零成本的被動收入來源。**為什麼呢？因為在第二階段時，其實本金都還不是很足夠，所以在這個階段最重要的是你要去拓展多元的收入來源，這樣你的資金才會越來越大，才會累積得比較有效率，再來把這筆資金投入在需要花錢才能建構的被動收入上。

　　　　　　　　　　第四章　被動收入讓你財富自由

STAGE3 財富自由 ♡

　　第三個階段就是財富自由了，也就是你的被動收入已經大於當前開銷。 在這個階段，最重要的是你如何運用現有的資源，以及如何運用槓桿去放大你的成果。

　　舉例來說，之前在《富爸爸，窮爸爸》中有提到 OPM、OPE 跟 OPT，那這三個詞是什麼意思呢。OPM 是 Others People's Money，OPT 是 Others People's Time，OPE 就是 Others People's Experience，也就是槓桿別人的時間、資源跟能力去擴大自己的收入。如果你能善用這樣的方式，就能幫你快速地達到財富自由的狀態。

　　以我自己為例，我用 OPM 包含銀行及投資人的錢投資房地產，又用 OPT 與 OPE 組成團隊，創造更多、品質更好的網路資產，也為我自己創造了更多收入來源。

STAGE4 財富充沛 ♡

　　這個階段是我自己認定以及追求的財富自由。**在這個階段的目標，是被動收入要大於你夢想中生活的開銷。**

我自己目前已經達到第三階段，現在在往第四階段努力。我覺得第四階段的關鍵，就是要不斷地去重複第三階段的成功關鍵，並且大量複製或放大。

　　第四階段更重要的是心態面的建立，因為很多人可能在第三階段的時候就已經覺得滿足了，但如果要達到第四階段的話，還是必須不斷地充實自己，不斷地學習，訂定目標，讓自己可以時時地保持動力。

　　　　　　　　　　　　　第四章　被動收入讓你財富自由

結　語

in conclusion

　　曾經看過一段話說：「勵志書都大同小異，看完內心深受啟發，但現實問題卻依然沒有解決。」我想很多人看完投資理財型的書也是這樣。不過你要思考，如果一個重點被那麼多本書重複提到，這表示大家都認同，但為什麼問題都沒有解決呢？我想請你問問自己，這些成功的重

點，你都有確實做到嗎？

我在我的 YouTube 頻道上看過幾個留言，大意就是說我講的道理都一樣，但說真的，成功的秘訣不外乎就那幾個，財富自由也是，真的沒有什麼秘密，就真的是那幾個關鍵持續堅持做而已。然而，很多人都希望可以聽到更酷更快速的致富方法，很可惜的，真的沒有（除了詐騙跟樂透）。

我從一個很不愛看書的人變成一個大力推廣閱讀的人，甚至現在，我還自己出了一本書。如果你看完了一本書，但沒有改變你的行為，你現在面臨的困難，當然也不會就這樣消失。

為了不要白看了這本書，希望你可以從中至少選一個做到。這樣你才真的能從這本書帶走些什麼，開始慢慢改變自己的人生。

最後，歡迎你到各大群組跟我互動交流，我把我所有能夠幫助你財富自由的資源都整合在我的官網：msselena.com 裡，期待聽到你的好消息：)

結語

國家圖書館出版品預行編目資料

打造富腦袋！從零累積被動收入：月收翻倍的財富攻略 / Ms. Selena作.
-- 初版. -- 臺北市：如何, 2019.12
　　232 面；14.8×20.8公分 --（Happy fortune；018）

　　ISBN 978-986-136-317-2（平裝）
　　1.理財　2.投資
563　　　　　　　　　　　　　　　　　　　　　108017362

Eurasian Publishing Group
圓神出版事業機構
用心與你對話·視野無限寬廣

如何出版社
Solutions Publishing

www.booklife.com.tw　　　　　　　　reader@mail.eurasian.com.tw

Happy Fortune　018

打造富腦袋！從零累積被動收入：月收翻倍的財富攻略

作　　　者／Ms. Selena
出版經紀／廖翊君
發 行 人／簡志忠
出 版 者／如何出版社有限公司
地　　　址／台北市南京東路四段50號6樓之1
電　　　話／（02）2579-6600·2579-8800·2570-3939
傳　　　真／（02）2579-0338·2577-3220·2570-3636
總 編 輯／陳秋月
主　　　編／柳怡如
專案企畫／尉遲佩文
責任編輯／丁予涵
校　　　對／丁予涵·柳怡如·Ms. Selena
美術編輯／李家宜
行銷企畫／詹怡慧·林雅雯
印務統籌／劉鳳剛·高榮祥
監　　　印／高榮祥
排　　　版／莊寶鈴
經 銷 商／叩應股份有限公司
郵撥帳號／18707239
法律顧問／圓神出版事業機構法律顧問　蕭雄淋律師
印　　　刷／龍岡數位文化股份有限公司
2019年12月　初版
2020年12月　8刷

定價 290 元　　　　ISBN 978-986-136-317-2